Ralf Hillmann

„Das Orakel der Engel"

150 Engel begleiten deinen Weg
und bitten dich, jeden Tag
aktiv zu gestalten!

Ein Engelorakel zum effektiven Selbstcoaching

LEBENSSCHRITTE
VERLAG

Copyright © Ralf Hillmann
www.spirituell-auf-deine-weise.de
LebensSchritte Verlag
Zargleben 3A
29487 Luckau/Wendland

Umschlaggestaltung: ebokks, Braunschweig, www.ebokks.de
Druck und Bindung: Amazon Distribution GmbH, Leipzig
Umschlagmotiv: Tobias Schnotale

ISBN: **978-3-945494-00-4**

Dieser Titel ist – in leicht modifizierter Ausgabe – auch als eBook erhältlich.

Hinweis zur Haftung

Die im Buch veröffentlichten Gedanken und Empfehlungen basieren auf den Erfahrungen des Autors und wurden intensiv erarbeitet und geprüft. Weder Autor noch Verlag können für in diesem Buch gemachte Angaben Gewähr übernehmen. Es bleibt in Ihrer alleinigen Verantwortung als Leser, als Leserin jede der gemachten Angaben Ihrer eigenen Prüfung zu unterziehen. Auf die geltenden gesetzlichen Bestimmungen weisen wir ausdrücklich hin.

DIE 150 ENGEL AUF EINEN BLICK

Engel des **Abschieds**, Engel des **Abwechslungsreichtums**, Engel der **Achtsamkeit**, Engel der **Akzeptanz**, Engel der **Anerkennung**, Engel der **Arbeit**, Engel der **Aufrichtigkeit**, Engel der **Ausdauer**, Engel des **Austauschs**, Engel der **Authentizität**, Engel der **Balance**, Engel der **Bedürfnisse**, Engel der **Begabungen**, Engel der **Begeisterung**, Engel der **Begrüßung**, Engel der **Betroffenheit**, Engel der **Courage**, Engel der **Dankbarkeit**, Engel der **Demut**, Engel der **Dunkelheit**, Engel der **Ehrlichkeit**, Engel der **Eigeninitiative**, Engel der **Einzigartigkeit**, Engel der **Empathie**, Engel des **Engagements**, Engel der **Entschlossenheit**, Engel der **Entspannung**, Engel des **Erfolgs**, Engel der **Erfüllung**, Engel der **Erinnerung**, Engel der **Erleichterung**, Engel der **Fairness**, Engel der **Fantasie**, Engel des **Feierns**, Engel der **Flexibilität**, Engel der **Freiheit**, Engel der **Freizeit**, Engel der **Freude**, Engel der **Freundschaft**, Engel des **Friedens**, Engel des **Frohsinns**, Engel der **Fülle**, Engel der **Fürsorge**, Engel der **Geborgenheit**, Engel der **Gegenwart**, Engel der **Gelassenheit**, Engel der **Gemeinsamkeit**, Engel der **Geselligkeit**, Engel der **Gesundheit**, Engel der **Glaubwürdigkeit**, Engel der **Gleichberechtigung**, Engel der **Gleichwertigkeit**, Engel des **Glücks**, Engel der **Harmonie**, Engel der **Heilung**, Engel der **Heiterkeit**, Engel des **Herzens**, Engel der **Hilfsbereitschaft**, Engel der **Hoffnung**, Engel des **Humors**, Engel der **Ideen**, Engel der **Individualität**, Engel der **Information**, Engel der **Innovation**, Engel der **Inspiration**, Engel der **Interessen**, Engel der **Intuition**, Engel der **Klarheit**, Engel der **Kommunikation**, Engel der **Kompetenz**, Engel der **Kraft**, Engel der **Kreativität**, Engel der **Lebensfreude**, Engel der **Leichtigkeit**, Engel der **Leidenschaft**, Engel des **Lichts**,

Engel der **Liebe**, Engel der **Meditation**, Engel des **Mitgefühls**, Engel der **Motivation**, Engel des **Neuanfangs**, Engel der **Neugier**, Engel der **Offenheit**, Engel des **Optimismus**, Engel der **Ordnung**, Engel der **Orientierung**, Engel der **Qualität**, Engel der **Regeneration**, Engel des **Reichtums**, Engel des **Respekts**, Engel der **Rücksichtnahme**, Engel der **Ruhe**, Engel der **Rührung**, Engel der **Scham**, Engel des **Schlafs**, Engel der **Schönheit**, Engel des **Schutzes**, Engel der **Selbstachtung**, Engel der **Selbstbestimmung**, Engel des **Selbstbewusstseins**, Engel des **Selbstrespekts**, Engel des **Selbstschutzes**, Engel der **Selbstsicherheit**, Engel der **Selbstverantwortung**, Engel des **Selbstvertrauens**, Engel der **Sexualität**, Engel der **Sicherheit**, Engel der **Spannung**, Engel des **Spiels**, Engel der **Stille**, Engel der **Sympathie**, Engel der **Talente**, Engel der **Toleranz**, Engel der **Transparenz**, Engel der **Traurigkeit**, Engel der **Träume**, Engel der **Treue**, Engel des **Trostes**, Engel der **Überraschung**, Engel der **Unbeschwertheit**, Engel der **Unsicherheit**, Engel der **Unterstützung**, Engel der **Veränderung**, Engel der **Verbundenheit**, Engel der **Vergangenheit**, Engel der **Vergebung**, Engel der **Vergnügtheit**, Engel der **Verlässlichkeit**, Engel der **Vernunft**, Engel des **Verstehens**, Engel des **Vertrauens**, Engel der **Vielfalt**, Engel der **Visionen**, Engel der **Wachheit**, Engel des **Wachstums**, Engel der **Wahrheit**, Engel des **Wandels**, Engel der **Wechselwirksamkeit**, Engel der **Wertschätzung**, Engel des **Wohlbefindens**, Engel des **Wohlwollens**, Engel der **Wünsche**, Engel der **Wunscherfüllung**, Engel der **Zärtlichkeit**, Engel der **Ziele**, Engel der **Zufriedenheit**, Engel der **Zukunft**, Engel der **Zusammenarbeit**, Engel des **Zusammenhalts**, Engel der **Zuwendung**.

INHALTSVERZEICHNIS

Ich öffne mich für das Spirituelle
und lasse meiner Seele und meinem Geist Raum,
sich frei zu entfalten!

Ich achte ganz <u>bewusst</u> auf das,
was ich in mir und um mich herum,
wahrnehme!

Ich fühle mich mit dem Kosmos verbunden!

Ich bin bereit,
mich selbst zu entdecken,
mein Bewusstsein zu entwickeln
und meinem Herzen zu folgen!
Ich handele und entscheide eigenverantwortlich
und selbstbestimmt!

In Liebe und zum Wohle aller!

. . . .

. . . .

DIE IDEE ZU DIESEM BUCH

Meine erste Begegnung mit der „Geistigen Welt" liegt mittlerweile viele Jahre zurück. Damals nahm ich einer Freundin zuliebe an einer Krafttierreise teil. Bis zu jener ersten „Geistigen Reise" hatte ich von Krafttieren, Engeln und anderen Geistwesen weder eine Ahnung, noch hielt ich überhaupt etwas von spirituellen Praktiken! Als ich jedoch aus meiner ersten Krafttierreise zurückkehrte, war ich zutiefst berührt, und ich wusste, dass ich dabei etwas für mich entdeckt hatte, das mich künftig noch viel mehr interessieren würde. Zahllose Ausflüge in die Welt der Geistwesen folgten. Die ersten Jahre begegnete ich während meiner Reisen überwiegend Krafttieren. Engel und andere Wesen traf ich dabei nur höchst selten an. Durch die Ausflüge in die „Geistige Welt" erfuhr ich sehr viel über mich und über das, was es in meinem Leben zu verändern galt. Mit Hilfe der Krafttiere gelangte ich zu den Antworten auf die Fragen meines Lebens, und es dauerte nicht lange, bis ich mich von meinem stressigen, fremdbestimmten und angepassten Angestelltendasein verabschiedete und ein neues, selbstbestimmtes, bewusstes und kreatives Leben als Buchautor und Coach anfangen konnte. Durch die Veröffentlichung meiner Bücher „Persönliche Krafttierreisen" und „Das Orakel der Krafttiere" erreichten mich immer öfter Zuschriften von Lesern, denen mein Schreibstil und meine nüchterne Herangehensweise gefielen. Unter anderem wurde ich immer wieder gefragt, ob ich auch einmal ein Engel-Buch herausgeben würde!? Da ich mit Engeln bis dahin jedoch immer noch recht wenig

Kontakt hatte, nahm ich mir vor, eine Reise zu meinem Krafttier, dem Elefanten, zu unternehmen und ihn diesbezüglich um Rat zu fragen. Ich wollte mit seiner Hilfe herausfinden, wie ich mehr über Engel erfahren konnte und auch, was ich von der Idee, ein Engelbuch zu schreiben, halten sollte.

Von dieser ganz besonderen Reise möchte ich Ihnen an dieser Stelle kurz erzählen: Ich bereitete die Reise vor, und lag schon bald in eine Wolldecke eingehüllt auf dem Boden und lauschte den Klängen einer Trommel. Binnen weniger Sekunden geriet ich in Trance, und mein innerer Film begann zu laufen. In dieser Reise war vieles anders, als ich es von anderen Ausflügen in die „Geistige Welt" gewohnt war. Anstelle zu Beginn durch einen dunklen Tunnel zu gleiten, der mich auf die „andere Seite" führen würde, sah ich mich in einer schwach leuchtenden, weißlichen Flüssigkeit schwimmen, die sich angenehm warm anfühlte. Auch der Horizont und der Himmel über mir, waren in dieses diffuse Weiß eingehüllt. Es gab nur mich und dieses angenehme Weiß! Ich kam mir vor, als schwämme ich in einem weiten Meer aus Milch. Von einer unglaublichen inneren Ruhe durchdrungen, schwamm ich langsam und vollkommen entspannt dahin. Dann tauchte unter mir eines meiner Krafttiere auf. Es war das Krokodil, das sich allerdings schon einige Jahre zuvor von mir verabschiedet hatte. Ich freute mich, es endlich einmal wieder zu sehen. Ich hielt mich an ihm fest, und im Nu tauchte es mit mir unter. Wir glitten langsam immer tiefer nach unten in die milchige Flüssigkeit hinein. Es war, als würden wir zu einer Art Meeresgrund herabgleiten. Dann war das Krokodil verschwunden und an dessen Stelle trat nun mein Krafttier, der Elefant. Er begleitete mich schon seit einigen Jahren. Gemeinsam mit ihm glitt ich immer tiefer hinab. Es dauerte lange, bis wir irgendwann gemeinsam am Grund dieses besonderen Meeres ankamen. Noch immer war nichts anderes, als dieses fremdartige Weiß zu sehen. Der Elefant bewegte sich einige Schritte vorwärts und ich folgte ihm. Die Spannung stieg ins Unermessliche, denn diese Reise mutete so unglaublich besonders und außergewöhnlich an. Ich vermutete, dass mein Elefant mich nun gleich zu den Engeln führen würde. Ich konnte es kaum abwarten, so ergriffen war ich von dem, was ich gerade wahrnahm. Und dann war es endlich soweit, das diffuse Weiß verschwand und mein Elefant und ich fanden uns in einer Art Parklandschaft wieder. Im Vergleich zu dem, was ich erwartet hatte, kam mir die Szene recht gewöhnlich vor. Es sah dort gar nicht so aus, als könnten jeden Moment ein paar Engel auftauchen. Noch nicht einmal die Vegetation machte auf mich einen besonderen Eindruck. Es war als stünde ich in einem ganz normalen Park, die Sonne schien hell und überall hielten sich Menschen auf, die dort ihre Freizeit verbrachten. Ich sah Männer, die mit ihren Familien im Gras saßen oder mit Fahrrädern umher fuhren. Frauen, die mit ihren Kindern Federball spielten oder sich mit anderen Frauen unterhielten. So wunderbar hatte die Reise angefangen, so vielversprechend war mir der Weg bis hierher vorgekommen, doch dann sah ich nichts weiter, als ganz normale Leute, die auf ganz normale Art und Weise ihre Zeit miteinander verbrachten. Ich streichelte meinen Elefanten und sagte ihm, dass ich nicht verstehen könnte, welchen Sinn dieser Ausflug für mich haben sollte!? Mit seinem Rüssel deutete er mir an, einfach weiter hinzuschauen. Irgendwann kam eine Frau auf mich zu. Sie reichte mir ihre Hand, und als ich ihren Handschlag erwiderte, merkte ich, dass meine Hand ins Leere griff. Weitere Frauen und Männer kamen auf mich zu, und reichten mir nacheinander ihre Hände. Jedes Mal streckte auch ich ihnen meine Hand entgegen, doch es war immer wieder dasselbe, ich griff ins Leere. Ja, diese Menschen waren vollkommen durchlässig. Sie waren da, aber gleichzeitig auch nicht. Ich konnte sie sehen, aber ihre Körper waren nicht aus Fleisch und Blut.

Wie vom Blitz getroffen, durchfuhr mich die Erkenntnis: Keine Menschen waren es, denen ich gerade begegnete, nein, es waren Engel! Einer nach dem anderen stellte sich vor. Ich erinnere mich an den Engel der Liebe, den Engel der Freundschaft, den Engel der Achtsamkeit, den Engel der Kommunikation, den Engel der Geselligkeit und an viele weitere Engel mehr, die bei dieser ersten Begegnung alle einzeln auf mich zukamen.

Von da an reiste ich noch viele weitere Male an diesen Ort, und je öfter ich dort war, je mehr erfuhr ich über die Engel und ihre Berufungen. Es dauerte gar nicht lange, bis ich in Erfahrung gebracht hatte, was ich mit meinem neuen Buch „Das Orakel der Engel" transportieren wollte, und wie ich es zu konzipieren hatte.

EINFÜHRUNG

Wenn Sie sich für dieses Buch interessieren, haben Sie
höchst wahrscheinlich bereits einen Bezug zu Engeln und
vielleicht sogar zu anderen Geistwesen. Womöglich haben
Sie schon einige Engel-Kartendecks kennengelernt und
einige Erfahrungen mit diversen anderen Orakeln sammeln können.

Was ist das Besondere an diesem Orakel? Wie in meinem
Buch „Das Orakel der Krafttiere", verzichte ich auch im
Buch „Das Orakel der Engel" ganz bewusst auf jegliche
Art der Illustration. Mit meinen Büchern möchte ich die
Leser zu Achtsamkeit, Selbstreflexion und Selbsterkenntnis motivieren. Ganz im Speziellen halte ich es dabei für
äußerst wichtig, die eigene innere Wahrnehmung zu schu-
len. Geistige Wesen, wie z.B. Krafttiere oder Engel, haben
nach meiner Erfahrung kein festes, immer gleiches Erscheinungsbild. Jeder Mensch nimmt sie in unterschied-
lichster Größe, Farbe und Form wahr. Der Engel, der für
mich beispielsweise mit langen, lockigen, schwarzen Haaren vor meinem inneren Auge sichtbar wird, kann von
einer anderen Person als blond, mit glatten, kurzen Haaren
wahrgenommen werden. Warum sollte ich also Engelma-
lereien in diesem Buch abbilden, wenn Engel für Sie so-
wieso ganz anders aussehen, als für mich? Ich würde Sie
damit letztlich nur davon abhalten, Ihrer eigenen Wahrnehmung zu vertrauen. Auch sehen manche Menschen
weniger, als andere. Dafür fühlen sie vielleicht intensiver,
oder sie nehmen die „Geistige Welt" weder in Form von

Bildern noch von Gefühlen wahr, sondern eher durch eine Art Hellwissen, das sich spontan in ihrem inneren Wahrnehmungsapparat einfindet. Solche Menschen sehen dann beispielsweise nicht, dass ein Engel vor ihnen steht, und dieser lange schwarze Haare hat, sondern sie wissen es einfach. Oft ist die spirituelle Wahrnehmung auch eine Mischung aus Bildern, Gefühlen und Wissen. Alles speist sich aus den geistig-energetischen Anteilen des kosmischen Universalbewusstseins und transformiert sich mit Hilfe unserer eigenen geistigen Fähigkeiten und Filter, zu dem, was schließlich in uns sichtbar, fühlbar und erfahrbar wird! Das, was es zu erfahren gibt, zeigt sich also bei jedem einzelnen von uns auf unterschiedliche Art und Weise, und so haben die Wahrnehmungen letztlich auch immer etwas mit uns selbst zu tun.

Damit Sie lernen können, die „spirituelle Welt" mit Ihrem eigenen inneren Wahrnehmungsapparat zu erfahren, halte ich es daher für besonders wichtig, sich zu dem, was es zu sehen, fühlen, wissen und auf andere Weise wahrzunehmen gibt, nur von der eigenen Intuition führen zu lassen.

Wie Sie bereits erfahren haben, geht es in diesem Buch in erster Linie um Selbstreflexion und Selbsterkenntnis. Ganz besonders wichtig ist es mir dabei, Sie dazu zu motivieren, Ihr Leben selbstbestimmt, eigenverantwortlich – und vor allem – *aktiv selbst* zu gestalten. Nachfolgend möchte ich Ihnen verraten, warum mir gerade dieser Aspekt so außerordentlich wichtig erscheint:

Ich selbst gehe nun schon seit vielen Jahren meinen spirituellen Weg. Seitdem habe ich vieles in meinem Leben zum Positiven verändern und umgestalten können. Das konnte ich jedoch nur, weil ich das Wissen, das ich durch meine spirituellen Praktiken über mich und mein Leben in Erfahrung brachte, auch tatsächlich nutzte und aktiv wurde. Ich kann mich sehr gut an viele gemeinsame Treffen mit anderen spirituell Interessierten erinnern, bei denen wir in angenehmer Atmosphäre und geselliger Runde gemeinsam Karten zogen, Trancereisen durchführten oder ähnliche Praktiken zur spirituellen Selbsterfahrung veranstalteten. Dabei ist mir aufgefallen, dass es immer verschiedene Arten gab, wie die Teilnehmenden auf ihre Erfahrungen reagierten. Da gab es die einen, die sich z.B. durch die Botschaft einer Engelkarte dazu inspiriert fühlten, etwas für sich zu tun oder für ihr Leben zu entscheiden. Sie nahmen ernst, was Sie durch das Reflektieren über die Botschaften der Karten in Erfahrung brachten und nutzen es, um auf ihrem eigenen Weg weiterzukommen. Dann gab es andere, die den Karten immer nur dann gebührende Aufmerksamkeit schenkten, wenn die Botschaften ihnen schmeichelten oder ihnen auf irgendeine andere Weise stimmig vorkamen. Zum Handeln fühlten sie sich meistens nicht aufgefordert. Dann gab es noch diejenigen, bei denen die Botschaften der Karten immer nur dann Beachtung fanden, wenn diese ihnen Hoffnung bescherten oder Trost spendeten. Hoffnung, dass z.B. irgendwann die große, ersehnte Wende noch kommen würde, und Trost, dass die Zeit einfach noch nicht reif dafür sei und noch eine Weile abgewartet werden müsse, bis sich alles zum

Guten wenden könne. Zum Handeln fühlten sie sich dadurch natürlich nicht aufgerufen!

Mir fiel auf, dass es immer dieselben Leute waren, die einfach nicht aktiv wurden und somit auch nichts veränderten. Zum Teil hatten sie sogar nach vielen Jahren noch immer die gleichen Probleme und waren ihren Zielen keinen Schritt näher gekommen. Jeder Karte, jeder Trancereise oder Meditation entnahmen sie immer wieder die gleichen Erkenntnisse. Diese Erkenntnisse lauteten meist so ähnlich wie: „es ist für mich gesorgt, ich brauchen keine Angst zu haben, es ist schon alles richtig so, wie es ist"; „die Zeit ist noch nicht reif, ich soll noch ein Weilchen warten"; „ich muss gar nichts tun, die „Geistige Welt" sorgt für mich". Das sind tröstende Worte, die aber nicht mehr bewirken, als ein Stück Hoffnung zu reaktivieren oder aufrechtzuerhalten. Die oft ersehnte Veränderung kann auf diese Weise nicht herbeigeführt werden.

Auch begegne ich immer wieder Menschen, die davon ausgehen, dass ihr Leben vorbestimmt sei. Die Zukunft stünde in den Sternen oder würde im Universum in Form von Schwingungen oder Ähnlichem bereits existieren. Sie scheinen darauf zu warten, dass sie z.B. über Meditationen, Trancereisen, Kartenlegen oder das Befragen von Orakeln einen Einblick in diese vorgefasste Zukunft erlangen. Sie gehen davon aus, dass ihnen z.B. ein Engel oder ein Krafttier verraten könnte, welcher Beruf für sie der richtige wäre oder wie, wo und wann sie einen Partner fürs Leben finden könnten. Nach meiner persönlichen Erfahrung ist dies jedoch – so – nicht möglich.

Auch ich arbeite mit Kartendecks, unternehme „Geistige Reisen" und meditiere – und ja, ich bringe dabei auch Dinge in Erfahrung, die meine Zukunft betreffen und die mich tatsächlich weiterbringen. Ich sehe das jedoch eher so, dass die Zukunft nicht bereits *genau* feststeht, sondern aus einem großen Feld von potenziellen Chancen und Möglichkeiten besteht. Das heißt, es gibt unzählige Varianten einer möglichen Zukunft. Und welche Variante sich letztlich bewahrheiten wird, hängt zum einen davon ab, welches Potenzial das „Schicksal" für uns bereit hält und zum anderen aber auch, welche Handlungen wir aktiv durchführen und welche Entscheidungen wir selbstbestimmt treffen. So haben wir einen großen Einfluss darauf, welchen Verlauf unser Schicksal nehmen wird.

Ich hatte zuvor schon einmal erwähnt, dass das, was wir z.B. während einer Geistreise oder Meditation über uns und unsere Zukunft in Erfahrung bringen, immer auch etwas mit uns selbst zu tun hat. Alles, was wir in unserem Inneren wahrnehmen, durchläuft unsere eigenen Filter. So kommt es, dass wir die Antworten auf die Fragen unseres Lebens, die wir in unserem Inneren suchen und finden, auch stets selbst mitformen. Krafttiere und Engel, informieren uns also nicht konkret über uns und unsere Zukunft, nein, sie geben uns nur Hilfestellung in Form von Impulsen oder spontanen Eingebungen, die wir dann selbst zu deuten bzw. zu interpretieren haben. Auf diese

Weise wird es möglich, mit Hilfe der Geistwesen Erkenntnisprozesse anzustoßen, Einsichten zu gewinnen, Antworten zu finden und schließlich Entscheidungen zu treffen. So kann ich mir durchaus mit Hilfe eines Krafttieres oder Engels darüber klar werden, welcher Beruf mich wirklich interessiert, oder was ich tun kann, um den passenden Partner fürs Leben zu finden. Wir gestalten unser Leben also selbst aktiv mit, indem wir uns unseren Chancen und Möglichkeiten öffnen, nach bestem Wissen und Gewissen unsere Entscheidungen treffen und die entsprechenden Handlungen vornehmen! Nach meiner Überzeugung gibt es nicht den einen Weg, der für uns vorbestimmt ist, und den es zu erkennen gilt. Wir haben die Möglichkeit, einen eigenen Weg zu gehen – einen Weg, den wir im Rahmen unserer Möglichkeiten frei wählen und selbst ausgestalten können! Fünf der wichtigsten Schlüssel für ein glückliches Leben, also dafür, einen Weg zu gehen, der unseren Bedürfnissen, Interessen, Talenten, Werten und Wahrheiten entspricht, sind meiner Meinung nach: Selbstliebe, Selbstbestimmung, Selbstverantwortung, Selbstbewusstsein und Selbstüberwindung. Je mehr wir passiv abwarten, was uns das Leben bringen wird, umso unwahrscheinlicher wird es, dass wir ein Leben führen können, das unsere Wünsche und Sehnsüchte erfüllt. Und genau aus diesem Grund soll dieses Buch Sie dazu inspirieren, Ihr Leben aktiv selbst zu gestalten. Alle Engel, denen Sie mit Hilfe dieses Buches begegnen werden, *bitten Sie immer wieder nur um Folgendes:* in sich selbst hineinzuspüren, zu reflektieren, zu entscheiden und zu handeln!

DAS SELBSTCOACHING MIT DEM ORAKEL

Kennen Sie das auch? Sie möchten etwas für sich tun, z.B.
ein paar Kilo abnehmen, sich einen neuen Job suchen oder
irgendetwas anderes in Ihrem Leben bewegen. Sie sind
anfangs höchst motiviert und voller Hoffnung, dass Sie
Ihr Ziel erreichen werden. Doch nach einiger Zeit stellen
Sie fest, dass es Ihnen nicht gelang, sich dauerhaft zum
Weitermachen zu motivieren und Sie Ihr Vorhaben wieder
aus den Augen verloren haben. Das ist letztlich nichts Un-
gewöhnliches, denn Alltag und Gewohnheit steuern einfach immer wieder gerne gegen neue Pläne und Ziele an!

Aus meiner Beratungspraxis weiß ich, wie viel leichter es
für viele Menschen ist, ein Ziel zu benennen, als sich für
dessen Erreichung dauerhaft zu engagieren. Während einer
Beratung brauche ich beispielsweise manchmal nur einige
wenige Fragen zu stellen, um bei einem Klienten etwas
anzustoßen, das die Ideen, Erkenntnisse und Pläne einfach
nur so aus ihm herausprudeln lässt. Viel schwieriger wird
es dann für ihn, wenn die Sitzung zu Ende ist, und er das,
was er während der Beratung in Erfahrung gebracht bzw.
sich an Ideen, Zielen und Lösungswegen erarbeitet hat,
allein im Alltag umsetzen soll. Damit ihm das gelingen
kann, ist es außerordentlich wichtig, die erarbeiteten Erkenntnisse und Vorhaben im Fokus zu behalten, sich
selbst permanent zum Handeln zu motivieren und die Erfolge zu messen bzw. die Ergebnisse zu kontrollieren!

Um es dem Klienten leichter zu machen, diese schwierige Aufgabe bewältigen zu können, halte ich den sogenannten Praxistransfer – am Ende einer jeden einzelnen Sitzung – für unerlässlich. Praxistransfer ist quasi die Brücke von der Theorie hinüber zur Praxis. Hier erarbeitet sich der Klient einen strategischen Plan, wie und was er im Alltag erproben und erreichen möchte. Dabei ist es wichtig, dass sich der Klient – bevor die Sitzung endet – überlegt, was genau er tun möchte, wie er jetzt schon sicherstellen kann, dass er das, was er sich vorgenommen hat, auch tatsächlich tun wird, und wann und wie er kontrollieren will, ob er sein Vorhaben umgesetzt bzw. sein Ziel erreicht hat.

Was hat das mit diesem Buch zu tun? Nun, wenn Sie „Das Orakel der Engel" befragen, werden Sie herausfinden, welcher Engel sich aktuell an Ihrer Seite aufhält um Ihnen seine positive Energie zur Verfügung zu stellen. Der Engel wird Sie zum einen darum bitten, darüber nachzudenken bzw. in sich hineinzuspüren, was seine Anwesenheit bei Ihnen auslöst, und zum anderen wird er Sie dazu auffordern, etwas für sich selbst zu tun oder zu entscheiden. Den ersten Teil seiner Bitte zu erfüllen, dürfte Ihnen nicht all zu schwer fallen. Etwas schwieriger könnte es jedoch werden, den zweiten Teil, nämlich den, in dem Sie aktiv werden sollen, zu erfüllen. Und genau aus diesem Grund finden Sie unter der Bitte des Engels immer die Aufforderung zur Durchführung des Praxistransfers. Wenn Sie sich dafür ein klein wenig Zeit nehmen, werden Sie alles, was Sie sich vornehmen, auch tatsächlich in die Tat umsetzen können.

DAS ARBEITEN MIT DEM ORAKEL

Ein Beispiel: Angenommen das Orakel führt Sie zum Engel der Freundschaft. Lesen Sie dann einfach den Text, den Sie dazu vorfinden werden. Dort steht in etwa, dass der Engel Sie am heutigen Tag begleiten wird und Sie darum bittet, sich darüber Gedanken zu machen, was das Thema Freundschaft mit Ihnen selbst zu tun haben könnte! Es werden Ihnen kurz einige mögliche Bedeutungen als Beispiele dafür genannt, welchen Bezug das Thema zu Ihnen selbst haben kann. Anschließen werden Sie dazu aufgefordert, die Bitte des Engels selbst zu deuten. Vielleicht taucht vor Ihrem inneren Auge spontan ein Bild dazu auf, eventuell stellt sich aber auch ein Gefühl ein oder es meldet sich eine Idee bzw. ein Gedanke zu Wort. Irgendeine spontane Assoziation bzw. Eingebung werden Sie in Bezug auf Ihre aktuelle Lebenssituation – zum Thema Freundschaft – sicher haben. Anschließend überlegen Sie, welche Erkenntnisse Sie aus Ihrer Eingebung ableiten können und was Sie aufgrund dieser Erkenntnisse tun oder entscheiden möchten! Und damit Sie das auch tatsächlich tun, widmen Sie sich zuvor noch dem Praxistransfer. Das ist ganz einfach und funktioniert wie folgt:

Der Praxistransfer: Bleiben wir bei dem zuvor verwendeten Beispiel: Sie haben also die Bitte vom Engel der Freundschaft gelesen, und das Thema „Freundschaft" spontan auf sich selbst (Ihre aktuelle Lebenssituation) bezogen. Nehmen wir an, Sie hätten dabei den Impuls verspürt, sich bei einem alten Freund melden zu können, von dem Sie lange Zeit nichts mehr gehört haben.

Schritt 1: Sie entscheiden sich z.B. *konkret* dafür, an die Freundschaft wieder anzuknüpfen und ihn am Abend mit einem Anruf zu überraschen.

Schritt 2: Nun überlegen Sie, wie Sie schon jetzt sicherstellen können, dass Sie das, was Sie tun möchten, auch tatsächlich tun werden! Das könnte beispielsweise so aussehen: Sie schreiben sich Ihr Vorhaben auf einen Zettel und heften ihn zur Erinnerung an Ihren Kühlschrank, weil Sie wissen, dass Sie diesen mit Sicherheit am Abend öffnen werden. So können Sie den Anruf auf gar keinen Fall vergessen. Genauso gut könnten Sie Tausende andere Möglichkeiten finden, mit denen Sie Ihr Vorhaben sicherstellen könnten. Etwa den berühmten Knoten ins Taschentuch binden, oder sich vom Handy per Klingelton immer wieder daran erinnern lassen.

Ein Vorhaben sicherzustellen bedeutet nicht, sich einfach nur vorzunehmen, immer wieder mal daran zu denken oder zu sich zu sagen, heute Abend oder morgen früh werde ich es tun. Denn die Gefahr ist groß, dass Sie es vergessen könnten, oder endlos vor sich herschieben.

Schritt 3: Mit dem Sicherstellen Ihres Vorhabens haben Sie sich nun schon aktiv und eigenverantwortlich für sich selbst eingesetzt und sich in einem besonderen Maße für Ihr Ziel engagiert. Sie werden sehen, dass sich das richtig gut anfühlt! Wenn Sie der Überzeugung sind, dass Sie Ihr Vorhaben nun tatsächlich umsetzen werden, können Sie notfalls auf die nachfolgende Empfehlung verzichten. Ich möchte es an dieser Stelle jedoch nicht versäumen, Ihnen auch noch das Durchführen des dritten Praxistransfer-Schrittes ans Herz zu legen: Mit diesem Schritt legen Sie fest, wann und wie Sie selbst kontrollieren wollen, ob Sie das, was Sie sich vornahmen, auch tatsächlich wie geplant erledigt haben. Nun ist das Vorhaben, am Abend einen alten Freund anzurufen, nicht unbedingt sehr schwer in die Tat umzusetzen. Je nachdem, was Sie sich jedoch in anderen Fällen vornehmen werden, kann es sehr nützlich sein, auch diesen letzten Schritt noch sorgfältig im Voraus zu planen. Bleiben wir der Einfachheit halber aber noch beim vorab verwendeten Beispiel. Sie könnten z.B. auf einen Zettel schreiben „Habe ich den Freund tatsächlich angerufen, und wenn ja, wie geht es mir jetzt, und wenn nein, was plane ich nun zu tun?" Diesen Zettel legen Sie sich z.B. auf Ihr Bett. Dort werden Sie ihn auf alle Fälle, wenn Sie schlafen gehen wollen, vorfinden. Sie haben damit quasi im Vorfeld festgelegt, wann Sie sich selbst kontrollieren werden und womit Sie es tun. Es gibt natürlich Tausende andere Möglichkeiten die eigenen Erfolge zu messen, sicher fällt Ihnen eine Strategie ein, die zu Ihnen passt!

ÜBER DIE ENGEL DES ORAKELS

Die Energie von Engeln ist immer positiv. Engel sind niemals Träger von negativen Energien. Auch Engel, wie z.B. der Engel des Abschieds, der Engel der Unsicherheit oder der Engel der Traurigkeit haben ihre ganz spezifische, positive und ehrenwerte Kraft. Es gehört zum Leben dazu, dass man hin und wieder von etwas Abschied nehmen muss und kann. Nur so haben wir die Möglichkeit, uns immer wieder Neuem zuwenden zu können. Die Unsicherheit birgt viele Chancen und Möglichkeiten, die beispielsweise die Sicherheit nicht bieten kann. Und ohne die Fähigkeit Trauer zu empfinden und zu durchleben, würden wir uns z.B. nach einer Enttäuschung oder einem Schicksalsschlag nie wieder glücklich und leicht fühlen. In diesem Orakel geht es also immer nur darum, sich zu Gedanken, Handlungen und Entscheidungen inspirieren zu lassen, die im Einklang mit den „Geistigen Gesetzen" und den Naturgesetzen stehen! Das heißt, sie sollten den Grundprinzipien des Lebens entsprechen. Diese sind Gesundheit, Wohlergehen, Harmonie, Wachstum und Liebe für alles und jeden.

Alle Engel, die sich in diesem Orakel für Sie bereithalten, habe ich während mehrerer „Geistiger Reisen" wahrnehmen dürfen. Im Grunde waren sie es, die mich dazu inspirierten, dieses Buch zu schreiben. Ich hatte Ihnen zuvor schon erzählt, wie die Engel, um die es in diesem Buch geht, in meinen inneren Filmen aussehen. Außer durch ihre feinstofflichen Körper, unterscheiden sie sich letztlich

nicht von uns Menschen. Sie tragen ganz normale Klei-
dung und sind mit ganz alltäglichen Dingen beschäftigt.
Bei keinem habe ich Flügel entdecken können. Ich möchte
an dieser Stelle jedoch noch einmal betonen, dass „Geistige Wesen" kein festes, immer gleiches Erscheinungsbild
haben. Für jeden Menschen sehen sie anders aus. Also für
den Fall, dass Sie während der Arbeit mit dem Orakel innere Bilder von Engeln wahrnehmen sollten, werden diese
für Sie höchstwahrscheinlich ganz anders aussehen. Wie
auch schon bereits gesagt, hat unsere innere Wahrnehmung immer etwas mit uns selbst zu tun. Wenn Sie beispielsweise verinnerlicht haben, dass Engel Flügel haben,
dann ist die Wahrscheinlichkeit groß, dass die Engel für
Sie auch stets in geflügelter Gestalt sichtbar werden. Seien
Sie also gespannt und lassen Sie sich auf das ein, was sich
Ihnen zeigen will!

ERLÄUTERUNGEN ZUR ORAKELBEFRAGUNG

Jedes Mal, wenn Sie mit dem Orakel der Engel arbeiten,
wird sich Ihnen einer der 150 Engel zeigen. Es mag sein,
dass es Ihnen bei einigen Engeln sehr leicht fallen wird,
sich auf deren Energie einzulassen und Ihre Schlüsse aus
den Begegnungen zu ziehen, bei anderen könnte es vielleicht aber auch etwas schwieriger werden. Wenn Sie sich
auf das Orakel einlassen, das heißt, wenn Sie die „Geistige
Welt" für Ihre Zwecke zurate ziehen, dann empfehle ich
Ihnen von Herzen, diesem spirituellen Feld mit Respekt zu
begegnen! Respektvoll zeigen Sie sich, wenn Sie die Bitten

der Engel ernst nehmen und diese nach bestem Wissen und Gewissen zu erfüllen versuchen. Das heißt natürlich nicht, dass Sie respektlos sind, wenn Ihnen absolut nichts einfallen sollte und Sie aus diesem Grunde nicht aktiv werden können. Meist haben Sie in solchen Fällen jedoch immer noch die Möglichkeit, sich für die Anwesenheit der Engel erkenntlich zu zeigen: Anstatt gar nichts zu tun, könnten Sie es sich beispielsweise so leicht wie möglich machen. Falls Ihnen z.B. zum Engel der Entspannung absolut nichts einfallen sollte, nehmen Sie sich halt einfach vor, sich einen Tee zu kochen und sich für zehn Minuten ein wenig zu entspannen. Damit haben Sie die Bitte ernst genommen, eine Entscheidung getroffen, gehandelt und etwas für sich getan. Genauso gut könnte es sein, dass Ihnen z.B. zum Engel der Klarheit nichts Passendes einfallen will. Dann seien Sie doch einfach ein wenig erfinderisch und putzen Sie z.B. mal wieder Ihre Fenster. In gewisser Hinsicht bringt das wahrscheinlich auch ein wenig mehr Klarheit. ☺ Nebenbei freuen Sie sich vielleicht sogar, dass Sie diese Arbeit endlich mal wieder geschafft haben! Die Engel werden jede Form von Eigeninitiative honorieren, und sich gerne für Ihre nächste Befragung für Sie bereithalten.

Sie sehen, es geht hier einfach darum, aktiv zu werden, denn nur so können Sie im Leben etwas bewegen und vorankommen. Dabei zählt letztlich jeder kleine Schritt, der Ihre Kreativität, Erfindungsgabe, Selbstverantwortung, Selbstliebe, Lebensfreude, Verspieltheit, Achtsamkeit, Bewusstheit, Selbstbestimmung, Selbstüberwindung und Ihren Selbstrespekt fördern kann. Nur was Ihnen leicht fällt, wird Sie dauerhaft begeistern und nach und nach zu immer mehr Aktivität und Veränderung inspirieren. Jede Veränderung, und sei sie auch noch so klein, zieht andere Veränderungen nach sich. Machen Sie es sich zu Beginn also ruhig so einfach, wie es für Sie passt. Lassen Sie sich vom Orakel dort abholen, wo Sie gerade stehen. Fangen Sie klein an, und tasten Sie sich nach und nach an größere Vorhaben heran.

Und noch eine letzte Bitte an Sie: Bitte nehmen Sie das, was Ihnen zu den Bitten der Engel selbst einfallen wird, immer ernst. Es entspringt schließlich Ihrem eigenen geistigen Potenzial. Machen Sie sich keine Sorgen darüber, dass das, was Ihnen einfällt, bzw. was sich Ihnen in irgendeiner Form zeigt, nicht genau das ist, was der Engel gemeint haben könnte. Es gibt immer mehrere Möglichkeiten und Wege, Sie können gar nichts falsch machen. Das, was Ihnen selbst einfällt, wird immer von der Energie der Engel unterstützt, es ist in jedem Fall immer in Ordnung! Erinnern Sie sich? Das, was sich Ihnen über Ihre innere Wahrnehmung zeigt, hat *immer* auch etwas mit Ihnen selbst zu tun! Also, egal, wie intelligent, verrückt, albern, einfallslos, genial oder dumm Ihnen Ihre jeweiligen Eingebungen oder Ideen vorkommen sollten, sie entspringen *immer* Ihrem ganz persönlichen geistigen Potenzial. Je nachdem, wie es Ihnen gerade geht oder in welchen Lebenskonstellationen Sie sich gerade befinden, wird dieses Potenzial zu den unterschiedlichsten Leistungen fähig sein. Es geht auch letztlich nicht darum, im Leben immer nur alles richtig zu machen. Auch Fehler können passieren, und aus diesen kann man lernen und gestärkt hervorgehen. Manchmal brauchen wir solche Erfahrungen, um das Positive im Leben besser wertschätzen zu können oder um neue Perspektiven zu gewinnen.

Hinweis: Bei jeder Orakelbefragung, *werden Sie immer wieder dazu aufgefordert*, Ihre erste spontane Eingebung bzw. Assoziation zur Bitte des Engels aufzugreifen und daraus die passenden Schlüsse zu ziehen. Assoziationen sind spontane Verknüpfungen von Bewusstseinsinhalten, stehen in direktem Kontakt mit dem Unterbewusstsein und können in Form von Gedanken, Gefühlen und inneren Bildern auftreten. Das, was sich Ihnen als erstes ganz spontan zeigen wird, entspringt Ihrer Intuition und wurde noch nicht vom Verstand gefiltert bzw. zensiert! Aus spiritueller Sicht ist also gerade solch eine spontane intuitive Eingebung eine ideale Information, die es lohnt, mit Herz und Verstand, genauer anzuschauen!

SYNCHRONISIERUNG MIT DEM ORAKEL

Bevor Sie das Orakel zum allerersten Mal befragen, möchte ich Ihnen noch etwas empfehlen! Spüren Sie nach, ob das zu Ihnen passt oder nicht:

Vorne im Buch auf Seite 9 haben Sie die Möglichkeit, sich mit dem Buch zu synchronisieren. Das heißt, wenn sich das für Sie gut anfühlt, können Sie auf diese Weise eine

emotionale und mentale Verbindung mit dem Buch eingehen. Sie verknüpfen quasi Ihre eigene Energie, mit der des
Buches und fühlen sich so noch viel direkter in Kontakt
mit der „Geistigen Welt".

Synchronisierung – Schritt 1

<u>Teilen Sie dem Orakel mit, wer Sie sind:</u> Vorne im Buch
auf Seite 9 finden Sie dafür nach der Textzeile **„In Liebe
und zum Wohle aller"** zwei vorgezeichnete Linien. Tragen Sie auf der oberen Linie bitte eine Identifizierung ein.
Sie können dort Ihren Vornamen und/oder Nachnamen
angeben. Wenn es sich für Sie besser anfühlt, dürfen Sie
sich auch für sich selbst einen Spirit- oder Fantasienamen
überlegen und diesen dort angeben. Bitte beachten Sie: Für
den Moment, in dem Sie die Eintragung vornehmen, sollten Sie mit Ihrer Aufmerksamkeit ganz bei der Sache sein.
Nehmen Sie Ihre Eintragung also ganz <u>bewusst</u> vor. Halten Sie sich vor Augen, dass Sie gerade damit beschäftigt
sind, sich mit Ihrem Engel-Orakel zu synchronisieren, um
ein seelisch-geistiges Band zwischen Ihnen und der „Geistigen Welt" zu knüpfen. Mit Ihrer <u>bewussten</u> Aufmerksamkeit setzen Sie einen Impuls, der sich in den „Geistigen
Welten" auswirkt. Sie sind und bleiben in Kontakt.

Synchronisierung – Schritt 2

<u>Stellen Sie eine Verbindung zum Orakel her:</u> Nachdem Sie
Schritt 1 durchgeführt und die nachfolgenden Erklärungen
zur Orakelbefragung gelesen haben, führen Sie Ihre erste
Befragung durch. Sie werden zu einem Engel und seiner
Bitte geführt. Lesen Sie die Bitte aufmerksam durch und

üben Sie sich darin, diese auf Ihre aktuelle Lebenssituation zu beziehen. Für Ihr ganz persönliches Engelorakel stellt der Engel, zu dem Sie bei dieser ersten Befragung geführt werden, Ihren persönlichen Schlüssel zur „Geistigen Welt" dar. Er ist quasi der Türöffner, durch den sich das Orakel ab sofort für Sie bereithält. Tragen Sie den Namen des Engels auf Seite 9 ganz <u>bewusst</u> unter der Formel „In Liebe und zum Wohle aller" auf der unteren, vorgezeichneten Linie ein und schließen Sie damit die Synchronisierung ab. Bitte würdigen Sie den Engel, heißen Sie ihn willkommen, egal, welcher es sein wird.

SO BEFRAGEN SIE DAS ORAKEL

Ganz hinten im Buch finden Sie eine Matrix, die Sie zu den jeweiligen Engeln dieses Orakels führen wird. Sie können mit dem Orakel arbeiten, wie oft und wann immer Sie möchten. Wenn es Ihnen Freude macht, können Sie auch durchaus mehrere Engel pro Tag über die Matrix zu sich rufen. Ich empfehle jedoch, die Engel zu würdigen, indem Sie sich mit ihren Bitten gebührend auseinandersetzen und zu einem Ergebnis gelangen, bevor Sie einen anderen Engel um Unterstützung bitten. Haben Sie die Bitte eines Engels erfüllt, halte ich es für eine nette Geste, sich bei ihm für seine Energie zu bedanken und ihn freundlich zu verabschieden!

Und so verwenden Sie die Matrix: Verabschieden Sie die Gedanken des Alltags und öffnen Sic sich einer anderen Erlebensebene. Werden Sie sich Ihrer **Absicht** <u>bewusst</u>, mit der „Geistigen Welt" in Kontakt treten zu wollen. Stellen Sie sich das nicht zu kompliziert vor. Es reicht vollkommen, wenn Sie sich ernsthaft Ihrem Orakel widmen möchten. Nehmen Sie eine positive, wertschätzende Geisteshaltung gegenüber der „Geistigen Welt" ein und rufen Sie sich Ihren Schlüssel-Engel ins Bewusstsein.

(*Falls Sie die Befragung ohne die vorab von mir empfohlene Synchronisierung durchführen möchten, *ignorieren* Sie bitte den Hinweis zum Schlüssel-Engel).

Werden Sie sich darüber bewusst, welches Datum der aktuelle Tag hat. An ungeraden Tagen in ungeraden Monaten, wie beispielsweise dem 01. Januar, 03. März, 05. Mai usw. verwenden Sie bitte die Matrix mit der Überschrift „Tag ungerade – Monat ungerade". An ungeraden Tagen und geraden Monaten (01. Februar, 5. April, 9. Juni usw.), geraden Tagen und geraden Monaten (02. April, 08. August, 10. Oktober usw.) sowie geraden Tagen und ungeraden Monaten (04. Mai, 10. Juli, 16. November usw.), verwenden Sie bitte die jeweils entsprechende Matrix!

Schauen Sie sich die Matrix an und spüren Sie nach, welches der weißen, leeren Kästchen Sie auswählen möchten. Wie Sie das am besten machen, bestimmen Sie selbst. Vielleicht schauen Sie sich die Matrix einfach eine Weile an und wissen auf einmal, für welches der weißen, leeren Kästchen Sie sich entscheiden werden. Eventuell streichen Sie mit einem Finger über die Matrix und fühlen, welches

Feld ausgewählt werden möchte. Ihren intuitiven Auswahlkriterien sind keine Grenzen gesetzt.

Auf der oberen Achse der Matrix finden Sie einen Buchstaben, der die Spalte Ihres ausgewählten Feldes bezeichnet, am rechten Rand finden Sie eine Zahl, die die Zeile Ihres ausgewählten Feldes bezeichnet. Beispielsweise befindet sich Ihr ausgewähltes Feld auf der Position D-12.

Auf den Seiten direkt – vor – der Matrix finden Sie eine Übersicht, auf der Sie nachlesen können, welcher Engel sich hinter dieser Position verbirgt und auf welcher Buchseite Sie ihn finden.

Alle 150 Engel sind übrigens in jeder Matrix vorhanden, nur befinden sie sich jeweils an anderer Position. Sie haben also immer die Chance, egal an welchem Tag Sie Ihre Befragung durchführen bzw. mit welcher Matrix Sie arbeiten, einem der 150 Engel zu begegnen.

Nun bleibt mir nur noch, Ihnen viel Freude mit Ihrem Engel-Orakel zu wünschen. Möge es Ihnen stets ein inspirierender, hilfreicher Begleiter sein und Sie Schritt für Schritt in ein aktiveres, verspielteres, experimentierfreudigeres, kreativeres, bewussteres, selbstbestimmteres und erfüllteres Leben führen!

Herzlichst – Ihr Ralf Hillmann

DIE ENGEL

Der Engel des Abschieds hält heute seine positive Energie für Sie bereit. Er bittet Sie, darüber nachzudenken, was das Thema seiner Berufung mit Ihnen selbst zu tun haben könnte. Sie würdigen seine Gegenwart, indem Sie daraufhin etwas für sich tun oder entscheiden!

Mögliche Bedeutungen: sich von etwas verabschieden; sich von etwas trennen; sich scheiden lassen; von etwas weggehen; auseinandergehen; etwas loslassen; um etwas trauern; zu etwas lebe wohl sagen; etwas kündigen; zu etwas Neuem aufbrechen; von irgendwo abreisen; von irgendetwas fortgehen; etwas aufgeben; etwas weggeben; etwas nicht mehr haben wollen; etwas nicht mehr brauchen; irgendetwas zu Ende bringen ... ... Sie werden sicher eine eigene Assoziation dazu herstellen können!

Ihre persönliche Deutung: Warum, glauben Sie, wendet sich ausgerechnet heute der Engel des Abschieds mit seiner Bitte an Sie? Welche Eingebung haben Sie spontan dazu? Zu was fühlen Sie sich schließlich aufgerufen?

Praxistransfer: Was können Sie noch heute tun oder entscheiden, damit Ihr Vorhaben Wirklichkeit werden kann? Wie stellen Sie sicher, dass Sie das, was Sie sich vornehmen, auch tatsächlich tun werden?

Der Engel des Abwechslungsreichtums hält heute seine positive Energie für Sie bereit. Er bittet Sie, darüber nachzudenken, was das Thema seiner Berufung mit Ihnen selbst zu tun haben könnte. Sie würdigen seine Gegenwart, indem Sie daraufhin etwas für sich tun oder entscheiden!

Mögliche Bedeutungen: öfter mal etwas Neues probieren; etwas auf eine andere Art und Weise probieren; eine große Auswahl haben; immer wieder mal etwas anders machen; etwas entgegen der Gewohnheit tun; sich der Vielfalt zuwenden; die Vielfalt anerkennen; nicht nur schwarz-weiß sehen; alle Farben wahrnehmen; viele Unterschiedlichkeiten wertschätzen; etwas differenziert betrachten; festgefahrene Verhaltens- und Denkweisen identifizieren, hinterfragen und ggf. verändern; Alternativen in Betracht ziehen ... ... Sie werden sicher eine eigene Assoziation dazu herstellen können!

Ihre persönliche Deutung: Warum, glauben Sie, wendet sich ausgerechnet heute der Engel des Abwechslungsreichtums mit seiner Bitte an Sie? Welche Eingebung haben Sie spontan dazu? Zu was fühlen Sie sich aufgerufen?

Praxistransfer: Was können Sie noch heute tun oder entscheiden, damit Ihr Vorhaben Wirklichkeit werden kann? Wie stellen Sie sicher, dass Sie das, was Sie sich vornehmen, auch tatsächlich tun werden?

Der Engel der Achtsamkeit hält heute seine positive Energie für Sie bereit. Er bittet Sie, darüber nachzudenken, was das Thema seiner Berufung mit Ihnen selbst zu tun haben könnte. Sie würdigen seine Gegenwart, indem Sie daraufhin etwas für sich tun oder entscheiden!

Mögliche Bedeutungen: achtsam mit sich und allem anderen umgehen; im Moment sein; sich im Hier und Jetzt erleben; die Aufmerksamkeit ganz auf das richten, was man gerade tut; verantwortungsvoll mit der Natur umgehen; mit etwas behutsam umgehen; auf Dinge aufmerksam werden; etwas anerkennen; etwas nicht übersehen; etwas mitkriegen; das Augenmerk auch auf die Details richten; ein hohes Maß an Aufmerksamkeit haben; mit etwas vorsichtig umgehen; auf andere achten; wachsam sein; aufpassen; sich vorsehen; vorsichtig sein ... ... Sie werden sicher eine eigene Assoziation dazu herstellen können!

Ihre persönliche Deutung: Warum, glauben Sie, wendet sich ausgerechnet heute der Engel der Achtsamkeit mit seiner Bitte an Sie? Welche Eingebung haben Sie spontan dazu? Zu was fühlen Sie sich schließlich aufgerufen?

Praxistransfer: Was können Sie noch heute tun oder entscheiden, damit Ihr Vorhaben Wirklichkeit werden kann? Wie stellen Sie sicher, dass Sie das, was Sie sich vornehmen, auch tatsächlich tun werden?

Der Engel der Akzeptanz hält heute seine positive Energie für Sie bereit. Er bittet Sie, darüber nachzudenken, was das Thema seiner Berufung mit Ihnen selbst zu tun haben könnte. Sie würdigen seine Gegenwart, indem Sie daraufhin etwas für sich tun oder entscheiden!

Mögliche Bedeutungen: etwas akzeptieren; mit etwas einverstanden sein; etwas respektieren; etwas hinnehmen; etwas annehmen; etwas bei sich aufnehmen; zu etwas „ja" sagen; etwas bejahen; etwas mit Wohlwollen honorieren; etwas zustimmen; sich selbst akzeptieren; von anderen akzeptiert werden; für sich selbst um Akzeptanz werben; das Leben so nehmen, wie es ist ... ... Sie werden sicher eine eigene Assoziation dazu herstellen können!

Ihre persönliche Deutung: Warum, glauben Sie, wendet sich ausgerechnet heute der Engel der Akzeptanz mit seiner Bitte an Sie? Welche Eingebung haben Sie spontan dazu? Zu was fühlen Sie sich schließlich aufgerufen?

Praxistransfer: Was können Sie noch heute tun oder entscheiden, damit Ihr Vorhaben Wirklichkeit werden kann? Wie stellen Sie sicher, dass Sie das, was Sie sich vornehmen, auch tatsächlich tun werden?

Der Engel der Anerkennung hält heute seine positive Energie für Sie bereit. Er bittet Sie, darüber nachzudenken, was das Thema seiner Berufung mit Ihnen selbst zu

tun haben könnte. Sie würdigen seine Gegenwart, indem Sie daraufhin etwas für sich tun oder entscheiden!

Mögliche Bedeutungen: etwas anerkennen; sich selbst anerkennen; andere anerkennen; etwas achten; jemandem Bestätigung geben; jemanden bewundern; jemandem Ehrerbietung erweisen; etwas wertschätzen; jemandem Zuspruch geben; etwas als gegeben hinnehmen; etwas befolgen; die Regeln einhalten; mit etwas einverstanden sein; jemandem zusagen; jemandem etwas zusagen; jemandem zustimmen; etwas ehren ... ... Sie werden sicher eine eigene Assoziation dazu herstellen können!

Ihre persönliche Deutung: Warum, glauben Sie, wendet sich ausgerechnet heute der Engel der Anerkennung mit seiner Bitte an Sie? Welche Eingebung haben Sie spontan dazu? Zu was fühlen Sie sich aufgerufen?

Praxistransfer: Was können Sie noch heute tun oder entscheiden, damit Ihr Vorhaben Wirklichkeit werden kann? Wie stellen Sie sicher, dass Sie das, was Sie sich vornehmen, auch tatsächlich tun werden?

Der Engel der Arbeit hält heute seine positive Energie für Sie bereit. Er bittet Sie, darüber nachzudenken, was das Thema seiner Berufung mit Ihnen selbst zu tun haben könnte. Sie würdigen seine Gegenwart, indem Sie daraufhin etwas für sich tun oder entscheiden!

Mögliche Bedeutungen: es wird zu viel gearbeitet; es wird zu wenig gearbeitet; es wird zu hart gearbeitet; die Arbeit wertschätzen; ungeliebte Arbeit aufgeben; Berufsleben und Privatleben miteinander in Balance bringen; an etwas arbeiten; mit anderen zusammenarbeiten ... ... Sie werden sicher eine eigene Assoziation dazu herstellen können!

Ihre persönliche Deutung: Warum, glauben Sie, wendet sich ausgerechnet heute der Engel der Arbeit mit seiner Bitte an Sie? Welche Eingebung haben Sie spontan dazu? Zu was fühlen Sie sich schließlich aufgerufen?

Praxistransfer: Was können Sie noch heute tun oder entscheiden, damit Ihr Vorhaben Wirklichkeit werden kann? Wie stellen Sie sicher, dass Sie das, was Sie sich vornehmen, auch tatsächlich tun werden?

Der Engel der Aufrichtigkeit hält heute seine positive Energie für Sie bereit. Er bittet Sie, darüber nachzudenken, was das Thema seiner Berufung mit Ihnen selbst zu tun haben könnte. Sie würdigen seine Gegenwart, indem Sie daraufhin etwas für sich tun oder entscheiden!

Mögliche Bedeutungen: aufrichtig sein; anständig sein; ehrlich sein; etwas freiheraus sagen; glaubwürdig sein; offen sein; etwas unverblümt zugeben; vertrauenswürdig sein; die Wahrheit sagen; zuverlässig sein ... ... Sie werden sicher eine eigene Assoziation dazu herstellen können!

Ihre persönliche Deutung: Warum, glauben Sie, wendet sich ausgerechnet heute der Engel der Aufrichtigkeit mit seiner Bitte an Sie? Welche Eingebung haben Sie spontan dazu? Zu was fühlen Sie sich aufgerufen?

Praxistransfer: Was können Sie noch heute tun oder entscheiden, damit Ihr Vorhaben Wirklichkeit werden kann? Wie stellen Sie sicher, dass Sie das, was Sie sich vornehmen, auch tatsächlich tun werden?

Der Engel der Ausdauer hält heute seine positive Energie für Sie bereit. Er bittet Sie, darüber nachzudenken, was das Thema seiner Berufung mit Ihnen selbst zu tun haben könnte. Sie würdigen seine Gegenwart, indem Sie daraufhin etwas für sich tun oder entscheiden!

Mögliche Bedeutungen: bei etwas Ausdauer beweisen; an etwas beharrlich dran bleiben; für etwas Geduld aufbringen; etwas durchhalten müssen; für etwas Bestimmtes die Kondition haben; in einer gewissen Angelegenheit einen langen Atem haben; gegen etwas widerstandsfähig genug sein ... ... Sie werden sicher eine eigene Assoziation dazu herstellen können!

Ihre persönliche Deutung: Warum, glauben Sie, wendet sich ausgerechnet heute der Engel der Ausdauer mit seiner Bitte an Sie? Welche Eingebung haben Sie spontan dazu? Zu was fühlen Sie sich schließlich aufgerufen?

Praxistransfer: Was können Sie noch heute tun oder entscheiden, damit Ihr Vorhaben Wirklichkeit werden kann? Wie stellen Sie sicher, dass Sie das, was Sie sich vornehmen, auch tatsächlich tun werden?

Der Engel des Austausches hält heute seine positive Energie für Sie bereit. Er bittet Sie, darüber nachzudenken, was das Thema seiner Berufung mit Ihnen selbst zu tun haben könnte. Sie würdigen seine Gegenwart, indem Sie daraufhin etwas für sich tun oder entscheiden!

Mögliche Bedeutungen: etwas in etwas anderes wandeln; von hier nach dort wechseln; von einer Perspektive in eine andere wechseln; etwas mit einander synchronisieren; einen Dialog führen; eine Diskussion anfangen; mit einem anderen Menschen Gedanken austauschen; Gespräche führen; sich unterhalten; Informationen austauschen; kommunizieren; sich verständigen ... ... Sie werden sicher eine eigene Assoziation dazu herstellen können!

Ihre persönliche Deutung: Warum, glauben Sie, wendet sich ausgerechnet heute der Engel des Austausches mit seiner Bitte an Sie? Welche Eingebung haben Sie spontan dazu? Zu was fühlen Sie sich schließlich aufgerufen?

Praxistransfer: Was können Sie noch heute tun oder entscheiden, damit Ihr Vorhaben Wirklichkeit werden kann? Wie stellen Sie sicher, dass Sie das, was Sie sich vornehmen, auch tatsächlich tun werden?

Der Engel der Authentizität hält heute seine positive Energie für Sie bereit. Er bittet Sie, darüber nachzudenken, was das Thema seiner Berufung mit Ihnen selbst zu tun haben könnte. Sie würdigen seine Gegenwart, indem Sie daraufhin etwas für sich tun oder entscheiden!

Mögliche Bedeutungen: sich authentisch geben; echt sein; glaubwürdig bleiben; sich so zeigen, wie man ist; wissen, wer man ist; zu sich selbst stehen; gemäß der eigenen Vorstellungen und Überzeugungen handeln; einschätzbar für andere sein; innere Freiheit haben; sich selbst treu bleiben; anderen erlauben, authentisch zu sein ... ... Sie werden sicher eine eigene Assoziation dazu herstellen können!

Ihre persönliche Deutung: Warum, glauben Sie, wendet sich ausgerechnet heute der Engel der Authentizität mit seiner Bitte an Sie? Welche Eingebung haben Sie spontan dazu? Zu was fühlen Sie sich aufgerufen?

Praxistransfer: Was können Sie noch heute tun oder entscheiden, damit Ihr Vorhaben Wirklichkeit werden kann? Wie stellen Sie sicher, dass Sie das, was Sie sich vornehmen, auch tatsächlich tun werden?

Der Engel der Balance hält heute seine positive Energie für Sie bereit. Er bittet Sie, darüber nachzudenken, was das Thema seiner Berufung mit Ihnen selbst zu tun haben könnte. Sie würdigen seine Gegenwart, indem Sie daraufhin etwas für sich tun oder entscheiden!

Mögliche Bedeutungen: etwas in Balance bringen; ein Gleichgewicht wiederherstellen; etwas ausgleichen; etwas ausbalancieren; die Mitte finden; etwas abwägen; eine neutrale Haltung einnehmen; Geben und Nehmen in Einklang bringen ... ... Sie werden sicher eine eigene Assoziation dazu herstellen können!

Ihre persönliche Deutung: Warum, glauben Sie, wendet sich ausgerechnet heute der Engel der Balance mit seiner Bitte an Sie? Welche Eingebung haben Sie spontan dazu? Zu was fühlen Sie sich schließlich aufgerufen?

Praxistransfer: Was können Sie noch heute tun oder entscheiden, damit Ihr Vorhaben Wirklichkeit werden kann? Wie stellen Sie sicher, dass Sie das, was Sie sich vornehmen, auch tatsächlich tun werden?

Der Engel der Bedürfnisse hält heute seine positive Energie für Sie bereit. Er bittet Sie, darüber nachzudenken, was das Thema seiner Berufung mit Ihnen selbst zu tun haben könnte. Sie würdigen seine Gegenwart, indem Sie daraufhin etwas für sich tun oder entscheiden!

Mögliche Bedeutungen: auf die eigenen Bedürfnisse achten; die Bedürfnisse der anderen respektieren; die eigenen Wünsche nach außen vertreten; gemäß der eigenen Interessen leben; sich für Bedürfnisse nicht schämen; unerfüllte Bedürfnisse identifizieren; erfüllte Bedürfnisse identifizieren; unerfüllte Bedürfnisse erfüllen ... ... Sie werden sicher eine eigene Assoziation dazu herstellen können!

Ihre persönliche Deutung: Warum, glauben Sie, wendet sich ausgerechnet heute der Engel der Bedürfnisse mit seiner Bitte an Sie? Welche Eingebung haben Sie spontan dazu? Zu was fühlen Sie sich schließlich aufgerufen?

Praxistransfer: Was können Sie noch heute tun oder entscheiden, damit Ihr Vorhaben Wirklichkeit werden kann? Wie stellen Sie sicher, dass Sie das, was Sie sich vornehmen, auch tatsächlich tun werden?

Der Engel der Begabungen hält heute seine positive Energie für Sie bereit. Er bittet Sie, darüber nachzudenken, was das Thema seiner Berufung mit Ihnen selbst zu tun haben könnte. Sie würdigen seine Gegenwart, indem Sie daraufhin etwas für sich tun oder entscheiden!

Mögliche Bedeutungen: auf die eigenen Begabungen vertrauen; eigene Stärken berücksichtigen; die persönliche Gabe erkennen; vernachlässigte Begabungen neu entdecken; das eigene Können wertschätzen; die Begabungen der anderen anerkennen; die Anlagen für besondere Begabungen fördern; erkennen, worin man gut ist; eigene Begabungen nicht herunterspielen ... ... Sie werden sicher eine eigene Assoziation dazu herstellen können!

Ihre persönliche Deutung: Warum, glauben Sie, wendet sich ausgerechnet heute der Engel der Begabungen mit seiner Bitte an Sie? Welche Eingebung haben Sie spontan dazu? Zu was fühlen Sie sich schließlich aufgerufen?

Praxistransfer: Was können Sie noch heute tun oder entscheiden, damit Ihr Vorhaben Wirklichkeit werden kann? Wie stellen Sie sicher, dass Sie das, was Sie sich vornehmen, auch tatsächlich tun werden?

Der Engel der Begeisterung hält heute seine positive Energie für Sie bereit. Er bittet Sie, darüber nachzudenken, was das Thema seiner Berufung mit Ihnen selbst zu tun haben könnte. Sie würdigen seine Gegenwart, indem Sie daraufhin etwas für sich tun oder entscheiden!

Mögliche Bedeutungen: sich für etwas begeistern können; Aufmerksamkeit im Überschwang; etwas mit Entzücken betrachten; euphorisch sein; sich besonders an etwas erfreuen; vor Freude jubeln; für etwas schwärmen; jemandem gegenüber sein Wohlgefallen ausdrücken; sich von etwas faszinieren lassen; auf etwas große Lust haben; an etwas anteilnehmen; für etwas ganz besonders aufgeschlossen sein; sich stark für etwas interessieren, eine gesunde Neugier haben; feststellen, für was man sich begeistern kann; respektieren, dass andere sich für ganz andere Dinge begeistern können ... ... Sie werden sicher eine eigene Assoziation dazu herstellen können!

Ihre persönliche Deutung: Warum, glauben Sie, wendet sich ausgerechnet heute der Engel der Begeisterung mit seiner Bitte an Sie? Welche Eingebung haben Sie spontan dazu? Zu was fühlen Sie sich schließlich aufgerufen?

Praxistransfer: Was können Sie noch heute tun oder entscheiden, damit Ihr Vorhaben Wirklichkeit werden kann? Wie stellen Sie sicher, dass Sie das, was Sie sich vornehmen, auch tatsächlich tun werden?

Der Engel der Begrüßung hält heute seine positive Energie für Sie bereit. Er bittet Sie, darüber nachzudenken, was das Thema seiner Berufung mit Ihnen selbst zu tun haben könnte. Sie würdigen seine Gegenwart, indem Sie daraufhin etwas für sich tun oder entscheiden!

Mögliche Bedeutungen: etwas begrüßen; jemanden willkommen heißen; zu etwas „ja" sagen; offen für Neues sein; dankbar für etwas sein; das Leben so nehmen, wie es kommt; jemandem gegenüber sein Wohlwollen zum Ausdruck bringen; etwas sehr schätzen; etwas gutheißen; Hilfe annehmen können ... ... Sie werden sicher eine eigene Assoziation dazu herstellen können!

Ihre persönliche Deutung: Warum, glauben Sie, wendet sich ausgerechnet heute der Engel der Begrüßung mit seiner Bitte an Sie? Welche Eingebung haben Sie spontan dazu? Zu was fühlen Sie sich schließlich aufgerufen?

Praxistransfer: Was können Sie noch heute tun oder entscheiden, damit Ihr Vorhaben Wirklichkeit werden kann? Wie stellen Sie sicher, dass Sie das, was Sie sich vornehmen, auch tatsächlich tun werden?

Der Engel der Betroffenheit hält heute seine positive Energie für Sie bereit. Er bittet Sie, darüber nachzudenken, was das Thema seiner Berufung mit Ihnen selbst zu tun haben könnte. Sie würdigen seine Gegenwart, indem Sie daraufhin etwas für sich tun oder entscheiden!

Mögliche Bedeutungen: von etwas betroffen sein; über etwas traurig sein; an etwas anteilnehmen; prüfen, was einen betroffen macht; von etwas in Mitleidenschaft gezogen werden; von etwas erschüttert sein, über etwas sehr bestürzt sein; darauf achten, wer sich von Ihnen mehr Betroffenheit wünscht ... ... Sie werden sicher eine eigene Assoziation dazu herstellen können!

Ihre persönliche Deutung: Warum, glauben Sie, wendet sich ausgerechnet heute der Engel der Betroffenheit mit seiner Bitte an Sie? Welche Eingebung haben Sie spontan dazu? Zu was fühlen Sie sich schließlich aufgerufen?

Praxistransfer: Was können Sie noch heute tun oder entscheiden, damit Ihr Vorhaben Wirklichkeit werden kann? Wie stellen Sie sicher, dass Sie das, was Sie sich vornehmen, auch tatsächlich tun werden?

Der Engel der Courage hält heute seine positive Energie für Sie bereit. Er bittet Sie, darüber nachzudenken, was das Thema seiner Berufung mit Ihnen selbst zu tun haben könnte. Sie würdigen seine Gegenwart, indem Sie daraufhin etwas für sich tun oder entscheiden!

Mögliche Bedeutungen: es gibt etwas, das Ihren Mut erfordert; ein anderer hat etwas für Sie getan, wozu viel Mut erforderlich war; sich etwas trauen; etwas wagen; etwas riskieren; sich in die Unsicherheit begeben; sich aus der Sicherheit herauswagen; etwas Neues probieren; etwas anders machen, als man das von Ihnen erwartet; bereit sein, für das, was kommt; den Kopf nicht in den Sand stecken; nicht wegschauen ... ... Sie werden sicher eine eigene Assoziation dazu herstellen können!

Ihre persönliche Deutung: Warum, glauben Sie, wendet sich ausgerechnet heute der Engel der Courage mit seiner Bitte an Sie? Welche Eingebung haben Sie spontan dazu? Zu was fühlen Sie sich schließlich aufgerufen?

Praxistransfer: Was können Sie noch heute tun oder entscheiden, damit Ihr Vorhaben Wirklichkeit werden kann? Wie stellen Sie sicher, dass Sie das, was Sie sich vornehmen, auch tatsächlich tun werden?

Der Engel der Dankbarkeit hält heute seine positive Energie für Sie bereit. Er bittet Sie, darüber nachzudenken, was das Thema seiner Berufung mit Ihnen selbst zu

tun haben könnte. Sie würdigen seine Gegenwart, indem Sie daraufhin etwas für sich tun oder entscheiden!

Mögliche Bedeutungen: für etwas dankbar sein; jemandem dankbar sein; sich für etwas bedanken; danke sagen; das Dankeschön eines anderen annehmen; sich erkenntlich zeigen; etwas verschenken; ein Geschenk annehmen können; den Ausgleich zwischen Geben und Nehmen herstellen; etwas wertschätzen ... ... Sie werden sicher eine eigene Assoziation dazu herstellen können!

Ihre persönliche Deutung: Warum, glauben Sie, wendet sich ausgerechnet heute der Engel der Dankbarkeit mit seiner Bitte an Sie? Welche Eingebung haben Sie spontan dazu? Zu was fühlen Sie sich schließlich aufgerufen?

Praxistransfer: Was können Sie noch heute tun oder entscheiden, damit Ihr Vorhaben Wirklichkeit werden kann? Wie stellen Sie sicher, dass Sie das, was Sie sich vornehmen, auch tatsächlich tun werden?

Der Engel der Demut hält heute seine positive Energie für Sie bereit. Er bittet Sie, darüber nachzudenken, was das Thema seiner Berufung mit Ihnen selbst zu tun haben könnte. Sie würdigen seine Gegenwart, indem Sie daraufhin etwas für sich tun oder entscheiden!

Mögliche Bedeutungen: sich demütig zeigen; Respekt vor der Schöpfung haben; vor etwas Hochachtung haben;

anerkennen, dass es etwas Höheres gibt; respektieren, dass
es etwas Unerreichbares gibt; sich unterwerfen, jedoch
nicht erniedrigen ... ... Sie werden sicher eine eigene Assoziation dazu herstellen können!

Ihre persönliche Deutung: Warum, glauben Sie, wendet
sich ausgerechnet heute der Engel der Demut mit seiner
Bitte an Sie? Welche Eingebung haben Sie spontan dazu?
Zu was fühlen Sie sich schließlich aufgerufen?

Praxistransfer: Was können Sie noch heute tun oder entscheiden, damit Ihr Vorhaben Wirklichkeit werden kann?
Wie stellen Sie sicher, dass Sie das, was Sie sich vornehmen, auch tatsächlich tun werden?

Der Engel der Dunkelheit hält heute seine positive
Energie für Sie bereit. Er bittet Sie, darüber nachzudenken, was das Thema seiner Berufung mit Ihnen selbst zu
tun haben könnte. Sie würdigen seine Gegenwart, indem
Sie daraufhin etwas für sich tun oder entscheiden!

Mögliche Bedeutungen: die Schattenseiten betrachten;
die Augen schließen und nach innen schauen; im Schutz
der Dunkelheit agieren; ohne Dunkelheit gäbe es kein
Licht; sich schlafen legen; sich ausruhen; sich zurückziehen; den Mond betrachten; sich an den Sternen orientieren; um etwas trauern; ein Blackout haben; für gewisse
Dinge blind sein; etwas übersehen; schwarz; etwas in der

Nacht tun ... ... Sie werden sicher eine eigene Assoziation dazu herstellen können!

Ihre persönliche Deutung: Warum, glauben Sie, wendet sich ausgerechnet heute der Engel der Dunkelheit mit seiner Bitte an Sie? Welche Eingebung haben Sie spontan dazu? Zu was fühlen Sie sich schließlich aufgerufen?

Praxistransfer: Was können Sie noch heute tun oder entscheiden, damit Ihr Vorhaben Wirklichkeit werden kann? Wie stellen Sie sicher, dass Sie das, was Sie sich vornehmen, auch tatsächlich tun werden?

Der Engel der Ehrlichkeit hält heute seine positive Energie für Sie bereit. Er bittet Sie, darüber nachzudenken, was das Thema seiner Berufung mit Ihnen selbst zu tun haben könnte. Sie würdigen seine Gegenwart, indem Sie daraufhin etwas für sich tun oder entscheiden!

Mögliche Bedeutungen: ehrlich gegenüber den anderen sein; ehrlich zu sich selbst sein; dem anderen erlauben, ehrlich sein zu dürfen, auch wenn es wehtun kann; manchmal kann Ehrlichkeit verletzend sein; etwas mit dem Gewissen vereinbaren können; die Wahrheit sagen; aufrichtige Anteilnahme an etwas nehmen; etwas ist wahrhaftig; die Wahrheit vertragen können; die Wahrheit sagen können ... ... Sie werden sicher eine eigene Assoziation dazu herstellen können!

Ihre persönliche Deutung: Warum, glauben Sie, wendet sich ausgerechnet heute der Engel der Ehrlichkeit mit seiner Bitte an Sie? Welche Eingebung haben Sie spontan dazu? Zu was fühlen Sie sich schließlich aufgerufen?

Praxistransfer: Was können Sie noch heute tun oder entscheiden, damit Ihr Vorhaben Wirklichkeit werden kann? Wie stellen Sie sicher, dass Sie das, was Sie sich vornehmen, auch tatsächlich tun werden?

Der Engel der Eigeninitiative hält heute seine positive Energie für Sie bereit. Er bittet Sie, darüber nachzudenken, was das Thema seiner Berufung mit Ihnen selbst zu tun haben könnte. Sie würdigen seine Gegenwart, indem Sie daraufhin etwas für sich tun oder entscheiden!

Mögliche Bedeutungen: selbst die Initiative ergreifen; einem anderen erlauben, selbst die Initiative ergreifen zu dürfen; etwas nach eigenen Vorstellungen tun; sich selbst motivieren; selbstständig sein; eigenverantwortlich entscheiden; etwas selbst initiieren; etwas aus sich selbst heraus tun ... ... Sie werden sicher eine eigene Assoziation dazu herstellen können!

Ihre persönliche Deutung: Warum, glauben Sie, wendet sich ausgerechnet heute der Engel der Eigeninitiative mit seiner Bitte an Sie? Welche Eingebung haben Sie spontan dazu? Zu was fühlen Sie sich schließlich aufgerufen?

Praxistransfer: Was können Sie noch heute tun oder entscheiden, damit Ihr Vorhaben Wirklichkeit werden kann? Wie stellen Sie sicher, dass Sie das, was Sie sich vornehmen, auch tatsächlich tun werden?

Der Engel der Einzigartigkeit hält heute seine positive Energie für Sie bereit. Er bittet Sie, darüber nachzudenken, was das Thema seiner Berufung mit Ihnen selbst zu tun haben könnte. Sie würdigen seine Gegenwart, indem Sie daraufhin etwas für sich tun oder entscheiden!

Mögliche Bedeutungen: die eigene Persönlichkeit anerkennen; die Unterschiede eines jeden einzelnen würdigen; das Besondere in den Dingen sehen; unverwechselbar sein; unersetzlich sein; sein dürfen, wer und wie man ist; die Vielfalt wertschätzen; sich einzigartig fühlen; sich seiner Einzigartigkeit bewusst sein; sich der Einzigartigkeit der anderen bewusst sein; sich der Einzigartigkeit von allem bewusst sein, das existiert ... ... Sie werden sicher eine eigene Assoziation dazu herstellen können!

Ihre persönliche Deutung: Warum, glauben Sie, wendet sich ausgerechnet heute der Engel der Einzigartigkeit mit seiner Bitte an Sie? Welche Eingebung haben Sie spontan dazu? Zu was fühlen Sie sich schließlich aufgerufen?

Praxistransfer: Was können Sie noch heute tun oder entscheiden, damit Ihr Vorhaben Wirklichkeit werden kann?

Wie stellen Sie sicher, dass Sie das, was Sie sich vornehmen, auch tatsächlich tun werden?

Der Engel der Empathie hält heute seine positive Energie für Sie bereit. Er bittet Sie, darüber nachzudenken, was das Thema seiner Berufung mit Ihnen selbst zu tun haben könnte. Sie würdigen seine Gegenwart, indem Sie daraufhin etwas für sich tun oder entscheiden!

Mögliche Bedeutungen: unvoreingenommen bereit sein, andere zu verstehen; sich in andere einfühlen; sich in andere hineinversetzen; etwas aus der Perspektive eines anderen betrachten; verstehen, was der andere braucht; den anderen verstehen wollen; sich in ein Tier einfühlen können; die Bedürfnisse anderer erspüren ... ... Sie werden sicher eine eigene Assoziation dazu herstellen können!

Ihre persönliche Deutung: Warum, glauben Sie, wendet sich ausgerechnet heute der Engel der Empathie mit seiner Bitte an Sie? Welche Eingebung haben Sie spontan dazu? Zu was fühlen Sie sich schließlich aufgerufen?

Praxistransfer: Was können Sie noch heute tun oder entscheiden, damit Ihr Vorhaben Wirklichkeit werden kann? Wie stellen Sie sicher, dass Sie das, was Sie sich vornehmen, auch tatsächlich tun werden?

Der Engel des Engagements hält heute seine positive Energie für Sie bereit. Er bittet Sie, darüber nachzudenken, was das Thema seiner Berufung mit Ihnen selbst zu tun haben könnte. Sie würdigen seine Gegenwart, indem Sie daraufhin etwas für sich tun oder entscheiden!

Mögliche Bedeutungen: sich für etwas engagieren; sich einsetzen; sich einbringen; sich für etwas stark machen; ein Engagement bekommen; für einen Auftrag engagiert werden; fleißig sein; sich etwas zuwenden; etwas unternehmen; aktiv sein ... ... Sie werden sicher eine eigene Assoziation dazu herstellen können!

Ihre persönliche Deutung: Warum, glauben Sie, wendet sich ausgerechnet heute der Engel des Engagements mit seiner Bitte an Sie? Welche Eingebung haben Sie spontan dazu? Zu was fühlen Sie sich schließlich aufgerufen?

Praxistransfer: Was können Sie noch heute tun oder entscheiden, damit Ihr Vorhaben Wirklichkeit werden kann? Wie stellen Sie sicher, dass Sie das, was Sie sich vornehmen, auch tatsächlich tun werden?

Der Engel der Entschlossenheit hält heute seine positive Energie für Sie bereit. Er bittet Sie, darüber nachzudenken, was das Thema seiner Berufung mit Ihnen selbst zu tun haben könnte. Sie würdigen seine Gegenwart, indem Sie daraufhin etwas für sich tun odcr entscheiden!

Mögliche Bedeutungen: etwas mit Entschlossenheit tun; zu einem Vorhaben entschlossen sein; für etwas bereit sein; sich nicht von etwas abhalten lassen; sich für etwas voll und ganz entscheiden; sich gegen etwas entscheiden; etwas mit fester Absicht tun; eine Entscheidung ernsthaft treffen ... ... Sie werden sicher eine eigene Assoziation dazu herstellen können!

Ihre persönliche Deutung: Warum, glauben Sie, wendet sich ausgerechnet heute der Engel der Entschlossenheit mit seiner Bitte an Sie? Welche Eingebung haben Sie spontan dazu? Zu was fühlen Sie sich aufgerufen?

Praxistransfer: Was können Sie noch heute tun oder entscheiden, damit Ihr Vorhaben Wirklichkeit werden kann? Wie stellen Sie sicher, dass Sie das, was Sie sich vornehmen, auch tatsächlich tun werden?

Der Engel der Entspannung hält heute seine positive Energie für Sie bereit. Er bittet Sie, darüber nachzudenken, was das Thema seiner Berufung mit Ihnen selbst zu tun haben könnte. Sie würdigen seine Gegenwart, indem Sie daraufhin etwas für sich tun oder entscheiden!

Mögliche Bedeutungen: sich entspannen; sich ausreichend erholen; für Ruhe sorgen; die eigenen Kräfte regenerieren; nach innen schauen; loslassen; abspannen; alle Fünfe gerade sein lassen; aus etwas die Spannung/den Druck herauslassen; dafür sogen, dass sich etwas wieder beruhigen kann; etwas schlichten; Entspannung in eine Situation bringen; Stress abbauen; Streitigkeiten auflösen; sich ausruhen … … Sie werden sicher eine eigene Assoziation dazu herstellen können!

Ihre persönliche Deutung: Warum, glauben Sie, wendet sich ausgerechnet heute der Engel der Entspannung mit seiner Bitte an Sie? Welche Eingebung haben Sie spontan dazu? Zu was fühlen Sie sich schließlich aufgerufen?

Praxistransfer: Was können Sie noch heute tun oder entscheiden, damit Ihr Vorhaben Wirklichkeit werden kann? Wie stellen Sie sicher, dass Sie das, was Sie sich vornehmen, auch tatsächlich tun werden?

Der Engel des Erfolgs hält heute seine positive Energie für Sie bereit. Er bittet Sie, darüber nachzudenken, was das Thema seiner Berufung mit Ihnen selbst zu tun haben könnte. Sie würdigen seine Gegenwart, indem Sie daraufhin etwas für sich tun oder entscheiden!

Mögliche Bedeutungen: mit etwas erfolgreich sein; den Lohn für eine Arbeit erhalten; ein Ziel erreichen; etwas geschafft haben; eigene Ideen verwirklichen; die Ernte einholen; gesiegt haben; etwas gewonnen haben; die bisherigen Erfolge würdigen; Erfolge wertschätzen; sich für den Erfolg einsetzen; Ideen entwickeln; auch die kleinen Erfolge des Alltags sehen; sich am eigenen Erfolg erfreuen;

sich am Erfolg eines anderen erfreuen ... ... Sie werden sicher eine eigene Assoziation dazu herstellen können!

Ihre persönliche Deutung: Warum, glauben Sie, wendet sich ausgerechnet heute der Engel des Erfolgs mit seiner Bitte an Sie? Welche Eingebung haben Sie spontan dazu? Zu was fühlen Sie sich schließlich aufgerufen?

Praxistransfer: Was können Sie noch heute tun oder entscheiden, damit Ihr Vorhaben Wirklichkeit werden kann? Wie stellen Sie sicher, dass Sie das, was Sie sich vornehmen, auch tatsächlich tun werden?

Der Engel der Erfüllung hält heute seine positive Energie für Sie bereit. Er bittet Sie, darüber nachzudenken, was das Thema seiner Berufung mit Ihnen selbst zu tun haben könnte. Sie würdigen seine Gegenwart, indem Sie daraufhin etwas für sich tun oder entscheiden!

Mögliche Bedeutungen: sich einen Wunsch erfüllen; einem anderen einen Wunsch erfüllen; von etwas erfüllt sein; ein Ziel wird erreicht; eine Idee verwirklicht sich; die pure Lebensfreude erleben; ein erfülltes Leben leben; etwas mit Leib und Seele tun; sich für etwas begeistern; den Sinn des Lebens entdecken ... ... Sie werden sicher eine eigene Assoziation dazu herstellen können!

Ihre persönliche Deutung: Warum, glauben Sie, wendet sich ausgerechnet heute der Engel der Erfüllung mit seiner

Bitte an Sie? Welche Eingebung haben Sie spontan dazu? Zu was fühlen Sie sich schließlich aufgerufen?

Praxistransfer: Was können Sie noch heute tun oder entscheiden, damit Ihr Vorhaben Wirklichkeit werden kann? Wie stellen Sie sicher, dass Sie das, was Sie sich vornehmen, auch tatsächlich tun werden?

Der Engel der Erinnerung hält heute seine positive Energie für Sie bereit. Er bittet Sie, darüber nachzudenken, was das Thema seiner Berufung mit Ihnen selbst zu tun haben könnte. Sie würdigen seine Gegenwart, indem Sie daraufhin etwas für sich tun oder entscheiden!

Mögliche Bedeutungen: sich an etwas Schönes erinnern; sich an etwas Unangenehmes erinnern; auf das Leben zurückblicken; etwas in guter Erinnerung behalten; sich ein Andenken bewahren; jemandem gedenken; von den alten Zeiten erzählen; aus dem eigenen Erfahrungsschatz schöpfen; eigene Erfahrungen sammeln; Wissen nicht verloren gehen lassen; von früher träumen; in die Vergangenheit schauen ... ... Sie werden sicher eine eigene Assoziation dazu herstellen können!

Ihre persönliche Deutung: Warum, glauben Sie, wendet sich ausgerechnet heute der Engel der Erinnerung mit seiner Bitte an Sie? Welche Eingebung haben Sie spontan dazu? Zu was fühlen Sie sich schließlich aufgerufen?

Praxistransfer: Was können Sie noch heute tun oder entscheiden, damit Ihr Vorhaben Wirklichkeit werden kann? Wie stellen Sie sicher, dass Sie das, was Sie sich vornehmen, auch tatsächlich tun werden?

Der Engel der Erleichterung hält heute seine positive Energie für Sie bereit. Er bittet Sie, darüber nachzudenken, was das Thema seiner Berufung mit Ihnen selbst zu tun haben könnte. Sie würdigen seine Gegenwart, indem Sie daraufhin etwas für sich tun oder entscheiden!

Mögliche Bedeutungen: sich um etwas erleichtern; das Gewissen erleichtern; es sich leichter machen; ein Stein fällt von der Seele; eine Angst löst sich auf; ein Problem kann gelöst werden; ein Ziel wird erreicht; Anstrengungen haben sich gelohnt; bessere Zeiten stehen bevor; das Leben wird leichter; ein Druck lässt nach; eine Anspannung fällt von einem ab; Entspannung stellt sich ein ... ... Sie werden sicher eine eigene Assoziation dazu herstellen können!

Ihre persönliche Deutung: Warum, glauben Sie, wendet sich ausgerechnet heute der Engel der Erleichterung mit seiner Bitte an Sie? Welche Eingebung haben Sie spontan dazu? Zu was fühlen Sie sich schließlich aufgerufen?

Praxistransfer: Was können Sie noch heute tun oder entscheiden, damit Ihr Vorhaben Wirklichkeit werden kann?

Wie stellen Sie sicher, dass Sie das, was Sie sich vornehmen, auch tatsächlich tun werden?

Der Engel der Fairness hält heute seine positive Energie für Sie bereit. Er bittet Sie, darüber nachzudenken, was das Thema seiner Berufung mit Ihnen selbst zu tun haben könnte. Sie würdigen seine Gegenwart, indem Sie daraufhin etwas für sich tun oder entscheiden!

Mögliche Bedeutungen: sich in einer Angelegenheit fair verhalten; mit anderen gleichberechtigt umgehen; Geben und Nehmen im Einklang; sich in einer Situation angemessen verhalten; respektvoll miteinander umgehen; den anderen nicht übervorteilen; nicht nur im Sinne des eigenen Vorteils agieren; den Nutzen der anderen im Blick haben; den eigenen Nutzen in Bezug zum Nutzen des anderen in Relation setzen ... ... Sie werden sicher eine eigene Assoziation dazu herstellen können!

Ihre persönliche Deutung: Warum, glauben Sie, wendet sich ausgerechnet heute der Engel der Fairness mit seiner Bitte an Sie? Welche Eingebung haben Sie spontan dazu? Zu was fühlen Sie sich schließlich aufgerufen?

Praxistransfer: Was können Sie noch heute tun oder entscheiden, damit Ihr Vorhaben Wirklichkeit werden kann? Wie stellen Sie sicher, dass Sie das, was Sie sich vornehmen, auch tatsächlich tun werden?

Der Engel der Fantasie hält heute seine positive Energie für Sie bereit. Er bittet Sie, darüber nachzudenken, was das Thema seiner Berufung mit Ihnen selbst zu tun haben könnte. Sie würdigen seine Gegenwart, indem Sie daraufhin etwas für sich tun oder entscheiden!

Mögliche Bedeutungen: etwas mit Fantasie ausschmücken; die Fantasie gebrauchen; eine Fantasiereise unternehmen; der Fantasie freien Lauf lassen; mehr Fantasie entwickeln; etwas fantasieren; etwas erfinden; auf eine Idee kommen; sich ein Bild ins Gedächtnis rufen; etwas mit viel Kreativität gestalten; etwas bunt machen; etwas sehr abwechslungsreich gestalten; sich künstlerisch betätigen; sich etwas in allen Farben ausmalen ... ... Sie werden sicher eine eigene Assoziation dazu herstellen können!

Ihre persönliche Deutung: Warum, glauben Sie, wendet sich ausgerechnet heute der Engel der Fantasie mit seiner Bitte an Sie? Welche Eingebung haben Sie spontan dazu? Zu was fühlen Sie sich schließlich aufgerufen?

Praxistransfer: Was können Sie noch heute tun oder entscheiden, damit Ihr Vorhaben Wirklichkeit werden kann? Wie stellen Sie sicher, dass Sie das, was Sie sich vornehmen, auch tatsächlich tun werden?

Der Engel des Feierns hält heute seine positive Energie für Sie bereit. Er bittet Sie, darüber nachzudenken, was das Thema seiner Berufung mit Ihnen selbst zu tun haben

könnte. Sie würdigen seine Gegenwart, indem Sie daraufhin etwas für sich tun oder entscheiden!

Mögliche Bedeutungen: ein Ereignis feiern; etwas mit einer Feier würdigen; einen Erfolg feiern; ein Fest veranstalten; sich des Lebens freuen; tanzen gehen; Spaß haben; ausgelassen mit anderen beisammen sein; etwas bejubeln; Freunde einladen; auf etwas gemeinsam trinken; essen gehen; etwas anerkennen; für etwas applaudieren; etwas auszeichnen; etwas ehren; jemanden loben ... ... Sie werden sicher eine eigene Assoziation dazu herstellen können!

Ihre persönliche Deutung: Warum, glauben Sie, wendet sich ausgerechnet heute der Engel des Feierns mit seiner Bitte an Sie? Welche Eingebung haben Sie spontan dazu? Zu was fühlen Sie sich schließlich aufgerufen?

Praxistransfer: Was können Sie noch heute tun oder entscheiden, damit Ihr Vorhaben Wirklichkeit werden kann? Wie stellen Sie sicher, dass Sie das, was Sie sich vornehmen, auch tatsächlich tun werden?

Der Engel der Flexibilität hält heute seine positive Energie für Sie bereit. Er bittet Sie, darüber nachzudenken, was das Thema seiner Berufung mit Ihnen selbst zu tun haben könnte. Sie würdigen seine Gegenwart, indem Sie daraufhin etwas für sich tun oder entscheiden!

Mögliche Bedeutungen: flexibel sein; vielseitig sein; sich zur Verfügung halten; nicht festgefahren sein; beweglich sein; sich an verschiedene Anforderungen anpassen können; vielfältig einsatzbereit sein; in der Lage sein, etwas aus verschiedenen Perspektiven heraus zu betrachten; den Abwechslungsreichtum lieben; Anpassungsfähigkeit; offen sein für verschiedene Möglichkeiten ... ... Sie werden sicher eine eigene Assoziation dazu herstellen können!

Ihre persönliche Deutung: Warum, glauben Sie, wendet sich ausgerechnet heute der Engel der Flexibilität mit seiner Bitte an Sie? Welche Eingebung haben Sie spontan dazu? Zu was fühlen Sie sich schließlich aufgerufen?

Praxistransfer: Was können Sie noch heute tun oder entscheiden, damit Ihr Vorhaben Wirklichkeit werden kann? Wie stellen Sie sicher, dass Sie das, was Sie sich vornehmen, auch tatsächlich tun werden?

Der Engel der Freiheit hält heute seine positive Energie für Sie bereit. Er bittet Sie, darüber nachzudenken, was das Thema seiner Berufung mit Ihnen selbst zu tun haben könnte. Sie würdigen seine Gegenwart, indem Sie daraufhin etwas für sich tun oder entscheiden!

Mögliche Bedeutungen: die freie Auswahl haben; sich frei fühlen; Ballast abwerfen; Grenzen überschreiten; sich frei entscheiden können; Meinungsfreiheit haben; finanzielle Freiheit besitzen; innere Freiheit genießen; anderen die eigene Freiheit zugestehen; das Leben frei nach eigenen Vorstellungen gestalten; ungezwungen sein; authentisch sein dürfen; machen können, was man will; unabhängig sein; sich leicht fühlen; sich glücklich fühlen; selbstbestimmt leben ... ... Sie werden sicher eine eigene Assoziation dazu herstellen können!

Ihre persönliche Deutung: Warum, glauben Sie, wendet sich ausgerechnet heute der Engel der Freiheit mit seiner Bitte an Sie? Welche Eingebung haben Sie spontan dazu? Zu was fühlen Sie sich schließlich aufgerufen?

Praxistransfer: Was können Sie noch heute tun oder entscheiden, damit Ihr Vorhaben Wirklichkeit werden kann? Wie stellen Sie sicher, dass Sie das, was Sie sich vornehmen, auch tatsächlich tun werden?

Der Engel der Freizeit hält heute seine positive Energie für Sie bereit. Er bittet Sie, darüber nachzudenken, was das Thema seiner Berufung mit Ihnen selbst zu tun haben könnte. Sie würdigen seine Gegenwart, indem Sie daraufhin etwas für sich tun oder entscheiden!

Mögliche Bedeutungen: freie Zeit nach eigenen Wünschen ausgestalten; Zeit sinnvoll verbringen; etwas tun, das Freude bereitet; keinem Zwang unterliegen; mit Freunden beisammen sein; einem Hobby nachgehen; abhängen; spazieren gehen; tanzen gehen; ins Kino gehen; unbeschwert sein; Leichtigkeit; Zeit für sich haben; sich erholen; sich entspannen; sich austauschen ... ... Sie werden sicher eine eigene Assoziation dazu herstellen können!

Ihre persönliche Deutung: Warum, glauben Sie, wendet sich ausgerechnet heute der Engel der Freizeit mit seiner Bitte an Sie? Welche Eingebung haben Sie spontan dazu? Zu was fühlen Sie sich schließlich aufgerufen?

Praxistransfer: Was können Sie noch heute tun oder entscheiden, damit Ihr Vorhaben Wirklichkeit werden kann? Wie stellen Sie sicher, dass Sie das, was Sie sich vornehmen, auch tatsächlich tun werden?

Der Engel der Freude hält heute seine positive Energie für Sie bereit. Er bittet Sie, darüber nachzudenken, was das Thema seiner Berufung mit Ihnen selbst zu tun haben könnte. Sie würdigen seine Gegenwart, indem Sie daraufhin etwas für sich tun oder entscheiden!

Mögliche Bedeutungen: sich an etwas erfreuen; sich mit anderen gemeinsam freuen; etwas Erfreuliches trifft ein; sich an den kleinen Dingen des Lebens freuen; glücklich sein; das Herz wird berührt; über etwas lachen; das Leben genießen; positive Gefühle beflügeln; die Liebe mit anderen teilen; ein Grund zum Feiern; etwas geschenkt bekommen; etwas verschenken; etwas gewinnen; einen Erfolg haben; für etwas geschätzt werden; singen; tanzen; springen; sich leicht fühlen ... ... Sie werden sicher eine eigene Assoziation dazu herstellen können!

Ihre persönliche Deutung: Warum, glauben Sie, wendet sich ausgerechnet heute der Engel der Freude mit seiner Bitte an Sie? Welche Eingebung haben Sie spontan dazu? Zu was fühlen Sie sich schließlich aufgerufen?

Praxistransfer: Was können Sie noch heute tun oder entscheiden, damit Ihr Vorhaben Wirklichkeit werden kann? Wie stellen Sie sicher, dass Sie das, was Sie sich vornehmen, auch tatsächlich tun werden?

Der Engel der Freundschaft hält heute seine positive Energie für Sie bereit. Er bittet Sie, darüber nachzudenken, was das Thema seiner Berufung mit Ihnen selbst zu tun haben könnte. Sie würdigen seine Gegenwart, indem Sie daraufhin etwas für sich tun oder entscheiden!

Mögliche Bedeutungen: etwas mit einem anderen teilen; für den anderen da sein; einen anderen lieben; von einem anderen geliebt werden; für andere etwas Besonderes sein; sich gegenseitig vertrauen; ein offenes Ohr für den anderen haben; in guten, wie in schlechten Zeiten; nicht allein sein; Gemeinschaft erleben; sich angenommen fühlen; sich verbunden fühlen; sich mit jemandem wohl fühlen; sich auf jemanden verlassen können; sich miteinander austauschen; sich einander anvertrauen können ... ... Sie werden sicher eine eigene Assoziation dazu herstellen können!

Ihre persönliche Deutung: Warum, glauben Sie, wendet sich ausgerechnet heute der Engel der Freundschaft mit

seiner Bitte an Sie? Welche Eingebung haben Sie spontan dazu? Zu was fühlen Sie sich schließlich aufgerufen?

Praxistransfer: Was können Sie noch heute tun oder entscheiden, damit Ihr Vorhaben Wirklichkeit werden kann? Wie stellen Sie sicher, dass Sie das, was Sie sich vornehmen, auch tatsächlich tun werden?

Der Engel des Friedens hält heute seine positive Energie für Sie bereit. Er bittet Sie, darüber nachzudenken, was das Thema seiner Berufung mit Ihnen selbst zu tun haben könnte. Sie würdigen seine Gegenwart, indem Sie daraufhin etwas für sich tun oder entscheiden!

Mögliche Bedeutungen: das Kriegsbeil begraben; den anderen lassen können, wie er ist; sich vertragen; gut miteinander auskommen; sich gegenseitig respektieren; einen Streit beenden; Entspannung; Liebe; keine Angst haben müssen; keine Nerven aufreiben müssen; freundliches Miteinander ... ... Sie werden sicher eine eigene Assoziation dazu herstellen können!

Ihre persönliche Deutung: Warum, glauben Sie, wendet sich ausgerechnet heute der Engel des Friedens mit seiner Bitte an Sie? Welche Eingebung haben Sie spontan dazu? Zu was fühlen Sie sich schließlich aufgerufen?

Praxistransfer: Was können Sie noch heute tun oder entscheiden, damit Ihr Vorhaben Wirklichkeit werden kann?

Wie stellen Sie sicher, dass Sie das, was Sie sich vornehmen, auch tatsächlich tun werden?

Der Engel des Frohsinns hält heute seine positive Energie für Sie bereit. Er bittet Sie, darüber nachzudenken, was das Thema seiner Berufung mit Ihnen selbst zu tun haben könnte. Sie würdigen seine Gegenwart, indem Sie daraufhin etwas für sich tun oder entscheiden!

Mögliche Bedeutungen: mit einander fröhlich sein; sich an etwas erfreuen; heiter durch den Tag gehen; sich unbeschwert fühlen; die Sorgen verabschieden; sich in geselliger Runde einfinden; alles nicht so ernst nehmen; das Positive im Leben im Blick haben; etwas feiern; für etwas dankbar sein; über etwas lachen; tanzen gehen; ein Lied singen; auch einmal albern sein ... ... Sie werden sicher eine eigene Assoziation dazu herstellen können!

Ihre persönliche Deutung: Warum, glauben Sie, wendet sich ausgerechnet heute der Engel des Frohsinns mit seiner Bitte an Sie? Welche Eingebung haben Sie spontan dazu? Zu was fühlen Sie sich schließlich aufgerufen?

Praxistransfer: Was können Sie noch heute tun oder entscheiden, damit Ihr Vorhaben Wirklichkeit werden kann? Wie stellen Sie sicher, dass Sie das, was Sie sich vornehmen, auch tatsächlich tun werden?

Der Engel der Fülle hält heute seine positive Energie für Sie bereit. Er bittet Sie, darüber nachzudenken, was das Thema seiner Berufung mit Ihnen selbst zu tun haben könnte. Sie würdigen seine Gegenwart, indem Sie daraufhin etwas für sich tun oder entscheiden!

Mögliche Bedeutungen: den Reichtum des Lebens erkennen; ein zur Hälfte gefülltes Glas, als halbvoll bezeichnen, anstatt als halbleer; aus den Vollen schöpfen; das Positive im Leben wertschätzen; die eigenen Erfolge würdigen; die eigenen Stärken anerkennen; Glück haben; etwas gewinnen; genug zu essen haben; Freunde haben; ein Dach über dem Kopf besitzen; inneren Reichtum besitzen; materiellen Reichtum haben; eine gute Gesundheit haben; in Frieden leben können; leben zu dürfen; viele Farben sehen können; viele Düfte riechen können; atmen zu können; der Natur lauschen zu können ... ... Sie werden sicher eine eigene Assoziation dazu herstellen können!

Ihre persönliche Deutung: Warum, glauben Sie, wendet sich ausgerechnet heute der Engel der Fülle mit seiner Bitte an Sie? Welche Eingebung haben Sie spontan dazu? Zu was fühlen Sie sich schließlich aufgerufen?

Praxistransfer: Was können Sie noch heute tun oder entscheiden, damit Ihr Vorhaben Wirklichkeit werden kann? Wie stellen Sie sicher, dass Sie das, was Sie sich vornehmen, auch tatsächlich tun werden?

Der Engel der Fürsorge hält heute seine positive Energie für Sie bereit. Er bittet Sie, darüber nachzudenken, was das Thema seiner Berufung mit Ihnen selbst zu tun haben könnte. Sie würdigen seine Gegenwart, indem Sie daraufhin etwas für sich tun oder entscheiden!

Mögliche Bedeutungen: für einen anderen da sein; sich für einen anderen einsetzen; sich um sich selbst kümmern; auf sich selbst aufpassen; einen anderen nicht im Stich lassen; gegenseitige Hilfe; für einen Schwächeren da sein; auf jemanden einen beschützenden Blick haben; sich mit anderen verbunden fühlen; für einander da sein; einen anderen unterstützen; andere fördern; zur Bereicherung des Lebens beitragen ... ... Sie werden sicher eine eigene Assoziation dazu herstellen können!

Ihre persönliche Deutung: Warum, glauben Sie, wendet sich ausgerechnet heute der Engel der Fürsorge mit seiner Bitte an Sie? Welche Eingebung haben Sie spontan dazu? Zu was fühlen Sie sich schließlich aufgerufen?

Praxistransfer: Was können Sie noch heute tun oder entscheiden, damit Ihr Vorhaben Wirklichkeit werden kann? Wie stellen Sie sicher, dass Sie das, was Sie sich vornehmen, auch tatsächlich tun werden?

Der Engel der Geborgenheit hält heute seine positive Energie für Sie bereit. Er bittet Sie, darüber nachzudenken, was das Thema seiner Berufung mit Ihnen selbst zu

tun haben könnte. Sie würdigen seine Gegenwart, indem Sie daraufhin etwas für sich tun oder entscheiden!

Mögliche Bedeutungen: sich geborgen fühlen; in der Heimat sein; sich zu Hause fühlen; angekommen sein; sich bei jemandem wohl fühlen; sich fallenlassen können; glücklich sein; jemandem Geborgenheit schenken; für den anderen da sein; sich in Sicherheit wiegen; gesunder Schlaf; keine Angst haben; jemandem vertrauen; sich anvertrauen können; in sich geborgen sein; sich mit sich selbst wohlfühlen; authentisch sein können ... ... Sie werden sicher eine eigene Assoziation dazu herstellen können!

Ihre persönliche Deutung: Warum, glauben Sie, wendet sich ausgerechnet heute der Engel der Geborgenheit mit seiner Bitte an Sie? Welche Eingebung haben Sie spontan dazu? Zu was fühlen Sie sich schließlich aufgerufen?

Praxistransfer: Was können Sie noch heute tun oder entscheiden, damit Ihr Vorhaben Wirklichkeit werden kann? Wie stellen Sie sicher, dass Sie das, was Sie sich vornehmen, auch tatsächlich tun werden?

Der Engel der Gegenwart hält heute seine positive Energie für Sie bereit. Er bittet Sie, darüber nachzudenken, was das Thema seiner Berufung mit Ihnen selbst zu tun haben könnte. Sie würdigen seine Gegenwart, indem Sie daraufhin etwas für sich tun oder entscheiden!

Mögliche Bedeutungen: im Hier und Jetzt angekommen sein; sich im aktuellen Moment erleben; gedanklich nicht in der Vergangenheit verhaftet sein; gedanklich nicht in der Zukunft leben; die Aufmerksamkeit auf das richten, was aktuell da ist; Leben findet immer nur in dem Moment statt, in dem man sich gerade befindet; im Moment glücklich sein; das erkennen, was gerade passiert; den Zeitgleist erleben; jeden Tag so leben, als wäre es der letzte ... ... Sie werden sicher eine eigene Assoziation dazu herstellen können!

Ihre persönliche Deutung: Warum, glauben Sie, wendet sich ausgerechnet heute der Engel der Gegenwart mit seiner Bitte an Sie? Welche Eingebung haben Sie spontan dazu? Zu was fühlen Sie sich schließlich aufgerufen?

Praxistransfer: Was können Sie noch heute tun oder entscheiden, damit Ihr Vorhaben Wirklichkeit werden kann? Wie stellen Sie sicher, dass Sie das, was Sie sich vornehmen, auch tatsächlich tun werden?

Der Engel der Gelassenheit hält heute seine positive Energie für Sie bereit. Er bittet Sie, darüber nachzudenken, was das Thema seiner Berufung mit Ihnen selbst zu tun haben könnte. Sie würdigen seine Gegenwart, indem Sie daraufhin etwas für sich tun oder entscheiden!

Mögliche Bedeutungen: sich gelassen zurücklehnen; sich nicht aus der Ruhe bringen lassen; alles ist gut, so wie es ist; sich entspannen; sich keine Sorgen machen; das Leben so nehmen, wie es kommt; bereit sein, für das, was kommt; die Dinge verstehen; aufhören zu kämpfen; sich nicht gegen etwas auflehnen, das unvermeidlich ist; zufrieden sein können; dankbar sein können; das wertschätzen können, was ist ... ... Sie werden sicher eine eigene Assoziation dazu herstellen können!

Ihre persönliche Deutung: Warum, glauben Sie, wendet sich ausgerechnet heute der Engel der Gelassenheit mit seiner Bitte an Sie? Welche Eingebung haben Sie spontan dazu? Zu was fühlen Sie sich schließlich aufgerufen?

Praxistransfer: Was können Sie noch heute tun oder entscheiden, damit Ihr Vorhaben Wirklichkeit werden kann? Wie stellen Sie sicher, dass Sie das, was Sie sich vornehmen, auch tatsächlich tun werden?

Der Engel der Gemeinsamkeit hält heute seine positive Energie für Sie bereit. Er bittet Sie, darüber nachzudenken, was das Thema seiner Berufung mit Ihnen selbst zu tun haben könnte. Sie würdigen seine Gegenwart, indem Sie daraufhin etwas für sich tun oder entscheiden!

Mögliche Bedeutungen: mit anderen etwas gemeinsam unternehmen; sich mit anderen verbunden fühlen; sich gegenseitig wertschätzen; für einander da sein; etwas mit anderen teilen; etwas mit anderen gemein haben; etwas ähnelt etwas anderem; einer ist genauso, wie ein anderer;

prüfen, wo zu wenig Gemeinsamkeit gelebt wird; für Gemeinsamkeit dankbar sein; zum Wohle der anderen beitragen; Freundschaft, Liebe, Beziehung, Familie ... ... Sie werden sicher eine eigene Assoziation dazu herstellen können!

Ihre persönliche Deutung: Warum, glauben Sie, wendet sich ausgerechnet heute der Engel der Gemeinsamkeit mit seiner Bitte an Sie? Welche Eingebung haben Sie spontan dazu? Zu was fühlen Sie sich schließlich aufgerufen?

Praxistransfer: Was können Sie noch heute tun oder entscheiden, damit Ihr Vorhaben Wirklichkeit werden kann? Wie stellen Sie sicher, dass Sie das, was Sie sich vornehmen, auch tatsächlich tun werden?

Der Engel der Geselligkeit hält heute seine positive Energie für Sie bereit. Er bittet Sie, darüber nachzudenken, was das Thema seiner Berufung mit Ihnen selbst zu tun haben könnte. Sie würdigen seine Gegenwart, indem Sie daraufhin etwas für sich tun oder entscheiden!

Mögliche Bedeutungen: sich mit anderen vergnügen; mit anderen Spaß haben; Freizeit mit einander verbringen; Freunde besuchen; Erinnerungen mit einander teilen; einen Spieleabend veranstalten; essen gehen; tanzen gehen; gemeinsam fröhlich sein; etwas in geselliger Runde feiern; nicht alleine sein; nicht einsam sein; sich nach Zuwendung sehnen; in ungezwungener Runde, so sein, wie man ist;

gemeinsam lachen ... ... Sie werden sicher eine eigene Assoziation dazu herstellen können!

Ihre persönliche Deutung: Warum, glauben Sie, wendet sich ausgerechnet heute der Engel der Geselligkeit mit seiner Bitte an Sie? Welche Eingebung haben Sie spontan dazu? Zu was fühlen Sie sich schließlich aufgerufen?

Praxistransfer: Was können Sie noch heute tun oder entscheiden, damit Ihr Vorhaben Wirklichkeit werden kann? Wie stellen Sie sicher, dass Sie das, was Sie sich vornehmen, auch tatsächlich tun werden?

Der Engel der Gesundheit hält heute seine positive Energie für Sie bereit. Er bittet Sie, darüber nachzudenken, was das Thema seiner Berufung mit Ihnen selbst zu tun haben könnte. Sie würdigen seine Gegenwart, indem Sie daraufhin etwas für sich tun oder entscheiden!

Mögliche Bedeutungen: etwas für die Gesundheit tun; sich bewusst ernähren; etwas, das der Gesundheit schadet, nicht mehr tun; gesundheitliche Probleme hinterfragen; Beschwerden von einem Arzt abklären lassen; für das eigene Wohlergehen sorgen; die Gesundheit wertschätzen; sich an der Gesundheit erfreuen; Stärkung des Immunsystems; für ausreichend Bewegung sogen; dafür sorgen, dass mindestens einmal pro Tag viel Sauerstoff ins Blut kommen kann; Atemübungen machen; sich fragen, was einem selbst gut tut; dafür sogen, dass andere gesund bleiben können; dankbar sein, für die eigene Gesundheit; dankbar sein für die Gesundheit anderer; Herz und Verstand bilden gemeinsam den sogenannten „gesunden Menschenverstand"; Herz und Verstand in Einklang bringen ... ... Sie werden sicher eine eigene Assoziation dazu herstellen können!

Ihre persönliche Deutung: Warum, glauben Sie, wendet sich ausgerechnet heute der Engel der Gesundheit mit seiner Bitte an Sie? Welche Eingebung haben Sie spontan dazu? Zu was fühlen Sie sich schließlich aufgerufen?

Praxistransfer: Was können Sie noch heute tun oder entscheiden, damit Ihr Vorhaben Wirklichkeit werden kann? Wie stellen Sie sicher, dass Sie das, was Sie sich vornehmen, auch tatsächlich tun werden?

Der Engel der Glaubwürdigkeit hält heute seine positive Energie für Sie bereit. Er bittet Sie, darüber nachzudenken, was das Thema seiner Berufung mit Ihnen selbst zu tun haben könnte. Sie würdigen seine Gegenwart, indem Sie daraufhin etwas für sich tun oder entscheiden!

Mögliche Bedeutungen: zu dem stehen, was man sagt; das tun, was man versprochen hat; etwas tun, das zur Persönlichkeit passt; bei der Wahrheit bleiben; etwas nicht übertreiben; etwas nicht besser machen, als es ist; aufrichtig sein; andere von etwas überzeugen können; sich selbst von etwas überzeugen können; etwas einleuchtend schildern; glaubhaft sein; vertrauenerweckend agieren ... ... Sie werden sicher eine eigene Assoziation dazu herstellen können!

Ihre persönliche Deutung: Warum, glauben Sie, wendet sich ausgerechnet heute der Engel der Glaubwürdigkeit mit seiner Bitte an Sie? Welche Eingebung haben Sie spontan dazu? Zu was fühlen Sie sich aufgerufen?

Praxistransfer: Was können Sie noch heute tun oder entscheiden, damit Ihr Vorhaben Wirklichkeit werden kann? Wie stellen Sie sicher, dass Sie das, was Sie sich vornehmen, auch tatsächlich tun werden?

Der Engel der Gleichberechtigung hält heute seine positive Energie für Sie bereit. Er bittet Sie, darüber nachzudenken, was das Thema seiner Berufung mit Ihnen selbst zu tun haben könnte. Sie würdigen seine Gegenwart, indem Sie daraufhin etwas für sich tun oder entscheiden!

Mögliche Bedeutungen: andere genauso wertschätzen, wie sich selbst; andere nicht überforteilen; alles und jedes ist gleich viel wert; zwischen etwas keinen Unterschied machen; keine Unterdrückung von anderen; sich von Unterdrückung befreien; sich für Chancengleichheit einsetzen; Emanzipation; Gleichrangigkeit; Gleichsetzung; Gleichstellung; Loslösung; Selbstbefreiung; Selbstbestimmung ... ... Sie werden sicher eine eigene Assoziation dazu herstellen können!

Ihre persönliche Deutung: Warum, glauben Sie, wendet sich ausgerechnet heute der Engel der Gleichberechtigung mit seiner Bitte an Sie? Welche Eingebung haben Sie spontan dazu? Zu was fühlen Sie sich aufgerufen?

Praxistransfer: Was können Sie noch heute tun oder entscheiden, damit Ihr Vorhaben Wirklichkeit werden kann? Wie stellen Sie sicher, dass Sie das, was Sie sich vornehmen, auch tatsächlich tun werden?

Der Engel der Gleichwertigkeit hält heute seine positive Energie für Sie bereit. Er bittet Sie, darüber nachzudenken, was das Thema seiner Berufung mit Ihnen selbst zu tun haben könnte. Sie würdigen seine Gegenwart, indem Sie daraufhin etwas für sich tun oder entscheiden!

Mögliche Bedeutungen: andere sind genauso viel wert wir man selbst; sich selbst nicht geringer schätzen, als man andere schätzt; alles und jedes ist gleich viel wert; zwischen etwas keinen Unterschied machen, keinen Vergleich anstellen; jeder Mensch hat eigene Prioritäten; es gibt keinen Gott, der besser ist, als ein anderer; an wen oder was man glaubt, kann jeder selbst entscheiden ... ... Sie werden sicher eine eigene Assoziation dazu herstellen können!

Ihre persönliche Deutung: Warum, glauben Sie, wendet sich ausgerechnet heute der Engel der Gleichwertigkeit mit seiner Bitte an Sie? Welche Eingebung haben Sie spontan dazu? Zu was fühlen Sie sich schließlich aufgerufen?

Praxistransfer: Was können Sie noch heute tun oder entscheiden, damit Ihr Vorhaben Wirklichkeit werden kann? Wie stellen Sie sicher, dass Sie das, was Sie sich vornehmen, auch tatsächlich tun werden?

Der Engel des Glücks hält heute seine positive Energie für Sie bereit. Er bittet Sie, darüber nachzudenken, was das Thema seiner Berufung mit Ihnen selbst zu tun haben könnte. Sie würdigen seine Gegenwart, indem Sie daraufhin etwas für sich tun oder entscheiden!

Mögliche Bedeutungen: mit irgendetwas Glück haben; über irgendetwas glücklich sein; etwas gewinnen; sich über etwas sehr freuen; etwas erreicht haben; auf den Zufall vertrauen; mit etwas angenehm überrascht werden; etwas geschenkt bekommen; etwas verschenken; jemandem eine Freude machen; sich für das eigene Glück verantwortlich fühlen; zum Glück der anderen beitragen; eine positive Begebenheit erleben; der großen Liebe begegnen; einen Traumberuf ausüben; etwas bekommen, das man sich gewünscht hat; etwas geht in Erfüllung ... ... Sie werden sicher eine eigene Assoziation dazu herstellen können!

Ihre persönliche Deutung: Warum, glauben Sie, wendet sich ausgerechnet heute der Engel des Glücks mit seiner Bitte an Sie? Welche Eingebung haben Sie spontan dazu? Zu was fühlen Sie sich schließlich aufgerufen?

Praxistransfer: Was können Sie noch heute tun oder entscheiden, damit Ihr Vorhaben Wirklichkeit werden kann? Wie stellen Sie sicher, dass Sie das, was Sie sich vornehmen, auch tatsächlich tun werden?

Der Engel der Harmonie hält heute seine positive Energie für Sie bereit. Er bittet Sie, darüber nachzudenken, was das Thema seiner Berufung mit Ihnen selbst zu tun haben könnte. Sie würdigen seine Gegenwart, indem Sie daraufhin etwas für sich tun oder entscheiden!

Mögliche Bedeutungen: mit sich und der Welt im Einklang sein; Harmonie in einer Beziehung haben; etwas ist harmonisch aufeinander abgestimmt; etwas passt gut zusammen; etwas verträgt sich gut miteinander; Körper, Geist und Seele sind ausgeglichen; gute Bedingungen für Gesundheit und Heilung; Disharmonien identifizieren und ausgleichen; etwas entstören; etwas in Ordnung bringen; etwas sortieren; keinen Streit suchen; ganzheitliches Denken; Ganzheitlichkeit ... ... Sie werden sicher eine eigene Assoziation dazu herstellen können!

Ihre persönliche Deutung: Warum, glauben Sie, wendet sich ausgerechnet heute der Engel der Harmonie mit seiner Bitte an Sie? Welche Eingebung haben Sie spontan dazu? Zu was fühlen Sie sich schließlich aufgerufen?

Praxistransfer: Was können Sie noch heute tun oder entscheiden, damit Ihr Vorhaben Wirklichkeit werden kann?

Wie stellen Sie sicher, dass Sie das, was Sie sich vornehmen, auch tatsächlich tun werden?

Der Engel der Heilung hält heute seine positive Energie für Sie bereit. Er bittet Sie, darüber nachzudenken, was das Thema seiner Berufung mit Ihnen selbst zu tun haben könnte. Sie würdigen seine Gegenwart, indem Sie daraufhin etwas für sich tun oder entscheiden!

Mögliche Bedeutungen: eine Krankheit heilt; etwas wird wieder gesund; ein natürliches Gleichgewicht stellt sich wieder her; etwas, das zerbrochen ist, wird wieder heil; eine Beziehung zu einem anderen Menschen verbessert sich; ein Zustand verbessert sich; etwas wendet sich zum Guten; Aktivierung der Selbstheilungskräfte; etwas für die Gesundheit tun; etwas nicht mehr tun, was der Gesundheit nicht zuträglich war und ist ... ... Sie werden sicher eine eigene Assoziation dazu herstellen können!

Ihre persönliche Deutung: Warum, glauben Sie, wendet sich ausgerechnet heute der Engel der Heilung mit seiner Bitte an Sie? Welche Eingebung haben Sie spontan dazu? Zu was fühlen Sie sich schließlich aufgerufen?

Praxistransfer: Was können Sie noch heute tun oder entscheiden, damit Ihr Vorhaben Wirklichkeit werden kann? Wie stellen Sie sicher, dass Sie das, was Sie sich vornehmen, auch tatsächlich tun werden?

Der Engel der Heiterkeit hält heute seine positive Energie für Sie bereit. Er bittet Sie, darüber nachzudenken, was das Thema seiner Berufung mit Ihnen selbst zu tun haben könnte. Sie würdigen seine Gegenwart, indem Sie daraufhin etwas für sich tun oder entscheiden!

Mögliche Bedeutungen: das Leben leicht nehmen; fröhlich sein; sich ausgelassen geben; nicht alles zu ernst nehmen; mit Freunden gemeinsam lustig sein; einen Spaß machen; auch einmal albern sein; sich mit anderen vergnügen; etwas mit Humor nehmen; über sich selbst lachen können; Zeit unbeschwert genießen; andere mit einem Lächeln anstecken können; gute Laune verbreiten ... ... Sie werden sicher eine eigene Assoziation dazu herstellen können!

Ihre persönliche Deutung: Warum, glauben Sie, wendet sich ausgerechnet heute der Engel der Heiterkeit mit seiner Bitte an Sie? Welche Eingebung haben Sie spontan dazu? Zu was fühlen Sie sich schließlich aufgerufen?

Praxistransfer: Was können Sie noch heute tun oder entscheiden, damit Ihr Vorhaben Wirklichkeit werden kann? Wie stellen Sie sicher, dass Sie das, was Sie sich vornehmen, auch tatsächlich tun werden?

Der Engel des Herzens hält heute seine positive Energie für Sie bereit. Er bittet Sie, darüber nachzudenken, was das Thema seiner Berufung mit Ihnen selbst zu tun habcn

könnte. Sie würdigen seine Gegenwart, indem Sie daraufhin etwas für sich tun oder entscheiden!

Mögliche Bedeutungen: etwas tun, dass das Herz erfreut; jemandem von Herzen danken; jemanden ins Herz schließen; sich anderen gegenüber herzlich zeigen; etwas für die Herzgesundheit tun; den Verstand zurücktreten lassen und das Herz befragen; mit dem Herzen sehen; Liebe verschenken; Liebe bekommen; etwas mit Liebe tun; jemandem Zuwendung schenken; für andere aufmerksam sein, Anteil nehmen am Leben der anderen; etwas Gutes tun ... ... Sie werden sicher eine eigene Assoziation dazu herstellen können!

Ihre persönliche Deutung: Warum, glauben Sie, wendet sich ausgerechnet heute der Engel des Herzens mit seiner Bitte an Sie? Welche Eingebung haben Sie spontan dazu? Zu was fühlen Sie sich schließlich aufgerufen?

Praxistransfer: Was können Sie noch heute tun oder entscheiden, damit Ihr Vorhaben Wirklichkeit werden kann? Wie stellen Sie sicher, dass Sie das, was Sie sich vornehmen, auch tatsächlich tun werden?

Der Engel der Hilfsbereitschaft hält heute seine positive Energie für Sie bereit. Er bittet Sie, darüber nachzudenken, was das Thema seiner Berufung mit Ihnen selbst zu tun haben könnte. Sie würdigen seine Gegenwart, indem Sie daraufhin etwas für sich tun oder entscheiden!

Mögliche Bedeutungen: für andere da sein; sich selbst unterstützend zur Seite stehen; für andere verlässlich sein; sich für andere einsetzen; sich für andere stark machen; einem anderen einen Gefallen tun; selbst andere um einen Gefallen bitten; Hilfe anbieten; Hilfe nachfragen; Hilfe annehmen; manches schafft man nicht allein ... ... Sie werden sicher eine eigene Assoziation dazu herstellen können!

Ihre persönliche Deutung: Warum, glauben Sie, wendet sich ausgerechnet heute der Engel der Hilfsbereitschaft mit seiner Bitte an Sie? Welche Eingebung haben Sie spontan dazu? Zu was fühlen Sie sich aufgerufen?

Praxistransfer: Was können Sie noch heute tun oder entscheiden, damit Ihr Vorhaben Wirklichkeit werden kann? Wie stellen Sie sicher, dass Sie das, was Sie sich vornehmen, auch tatsächlich tun werden?

Der Engel der Hoffnung hält heute seine positive Energie für Sie bereit. Er bittet Sie, darüber nachzudenken, was das Thema seiner Berufung mit Ihnen selbst zu tun haben könnte. Sie würdigen seine Gegenwart, indem Sie daraufhin etwas für sich tun oder entscheiden!

Mögliche Bedeutungen: die Hoffnung nicht aufgeben; auf etwas hoffen können; ein Traum kann sich verwirklichen; ein Ziel wird noch erreicht werden; weitermachen; durchhalten; es kann noch ein wenig dauern; keine Zweifel aufkommen lassen; die Zweifel besiegen; an etwas glauben;

anderen keine falschen Hoffnungen machen ... ... Sie werden sicher eine eigene Assoziation dazu herstellen können!

Ihre persönliche Deutung: Warum, glauben Sie, wendet
sich ausgerechnet heute der Engel der Hoffnung mit seiner Bitte an Sie? Welche Eingebung haben Sie spontan
dazu? Zu was fühlen Sie sich schließlich aufgerufen?

Praxistransfer: Was können Sie noch heute tun oder entscheiden, damit Ihr Vorhaben Wirklichkeit werden kann?
Wie stellen Sie sicher, dass Sie das, was Sie sich vornehmen, auch tatsächlich tun werden?

Der Engel des Humors hält heute seine positive Energie
für Sie bereit. Er bittet Sie, darüber nachzudenken, was das
Thema seiner Berufung mit Ihnen selbst zu tun haben
könnte. Sie würdigen seine Gegenwart, indem Sie daraufhin etwas für sich tun oder entscheiden!

Mögliche Bedeutungen: etwas mit Humor nehmen; etwas mit Humor versuchen; mit anderen gemeinsam lachen; über etwas lachen; über sich selbst auch ruhig einmal
lachen können; Geselligkeit; anderen ein Lächeln schenken; etwas nicht so ernst nehmen; etwas mit Leichtigkeit
nehmen; Vergnügtheit zelebrieren; Geist und Seele aufheitern ... ... Sie werden sicher eine eigene Assoziation dazu
herstellen können!

Ihre persönliche Deutung: Warum, glauben Sie, wendet sich ausgerechnet heute der Engel des Humors mit seiner Bitte an Sie? Welche Eingebung haben Sie spontan dazu? Zu was fühlen Sie sich schließlich aufgerufen?

Praxistransfer: Was können Sie noch heute tun oder entscheiden, damit Ihr Vorhaben Wirklichkeit werden kann? Wie stellen Sie sicher, dass Sie das, was Sie sich vornehmen, auch tatsächlich tun werden?

Der Engel der Ideen hält heute seine positive Energie für Sie bereit. Er bittet Sie, darüber nachzudenken, was das Thema seiner Berufung mit Ihnen selbst zu tun haben könnte. Sie würdigen seine Gegenwart, indem Sie daraufhin etwas für sich tun oder entscheiden!

Mögliche Bedeutungen: eine Idee haben; eine Idee verwirklichen; mit anderen Ideen austauschen; auf die eigene Ideenfindung vertrauen; einer Idee eine Chance geben; eine Idee zu Ende denken; Einfallsreichtum; jemand anderes hat eine gute Idee, die für Sie hilfreich ist; jemand braucht eine Idee von Ihnen; ein Problem mit einer guten Idee lösen ... ... Sie werden sicher eine eigene Assoziation dazu herstellen können!

Ihre persönliche Deutung: Warum, glauben Sie, wendet sich ausgerechnet heute der Engel der Ideen mit seiner Bitte an Sie? Welche Eingebung haben Sie spontan dazu? Zu was fühlen Sie sich schließlich aufgerufen?

Praxistransfer: Was können Sie noch heute tun oder entscheiden, damit Ihr Vorhaben Wirklichkeit werden kann? Wie stellen Sie sicher, dass Sie das, was Sie sich vornehmen, auch tatsächlich tun werden?

Der Engel der Individualität hält heute seine positive Energie für Sie bereit. Er bittet Sie, darüber nachzudenken, was das Thema seiner Berufung mit Ihnen selbst zu tun haben könnte. Sie würdigen seine Gegenwart, indem Sie daraufhin etwas für sich tun oder entscheiden!

Mögliche Bedeutungen: die eigene Individualität leben; die eigene Einzigartigkeit würdigen; die Einzigartigkeit der anderen wertschätzen; alle Menschen und alle anderen Lebewesen sind einzigartig; etwas auf die eigene Art und Weise tun; den anderen so lassen können, wie er ist; das Besondere in allem und jedem sehen; nicht über andere urteilen; sich so zeigen und geben wie man ist; authentisch sein ... ... Sie werden sicher eine eigene Assoziation dazu herstellen können!

Ihre persönliche Deutung: Warum, glauben Sie, wendet sich ausgerechnet heute der Engel der Individualität mit seiner Bitte an Sie? Welche Eingebung haben Sie spontan dazu? Zu was fühlen Sie sich schließlich aufgerufen?

Praxistransfer: Was können Sie noch heute tun oder entscheiden, damit Ihr Vorhaben Wirklichkeit werden kann?

Wie stellen Sie sicher, dass Sie das, was Sie sich vornehmen, auch tatsächlich tun werden?

Der Engel der Information hält heute seine positive Energie für Sie bereit. Er bittet Sie, darüber nachzudenken, was das Thema seiner Berufung mit Ihnen selbst zu tun haben könnte. Sie würdigen seine Gegenwart, indem Sie daraufhin etwas für sich tun oder entscheiden!

Mögliche Bedeutungen: sich über etwas informieren; mit anderen Informationen austauschen; jemandem etwas erzählen; sich von einem anderen etwas erzählen lassen; sich schlau machen; nichts verheimlichen; etwas klar und deutlich aussprechen; ein Problem bei einem Gespräch lösen; ein Geheimnis preisgeben; sich mit anderen vernetzen; Zeitung lesen; sich über das Weltgeschehen auf dem Laufenden halten ... ... Sie werden sicher eine eigene Assoziation dazu herstellen können!

Ihre persönliche Deutung: Warum, glauben Sie, wendet sich ausgerechnet heute der Engel der Information mit seiner Bitte an Sie? Welche Eingebung haben Sie spontan dazu? Zu was fühlen Sie sich schließlich aufgerufen?

Praxistransfer: Was können Sie noch heute tun oder entscheiden, damit Ihr Vorhaben Wirklichkeit werden kann? Wie stellen Sie sicher, dass Sie das, was Sie sich vornehmen, auch tatsächlich tun werden?

Der Engel der Innovation hält heute seine positive Energie für Sie bereit. Er bittet Sie, darüber nachzudenken, was das Thema seiner Berufung mit Ihnen selbst zu tun haben könnte. Sie würdigen seine Gegenwart, indem Sie daraufhin etwas für sich tun oder entscheiden!

Mögliche Bedeutungen: etwas Neues ausprobieren; etwas Neues erfinden; sich von alten Gewohnheiten verabschieden; sich neuen Ideen zuwenden; mit der Zeit gehen; etwas Altes verbessern oder überarbeiten und zu etwas Neuem machen; etwas erneuern; auf etwas Neues achten; nicht etwas übersehen, das sich geändert hat; sich dem Fortschritt zuwenden ... ... Sie werden sicher eine eigene Assoziation dazu herstellen können!

Ihre persönliche Deutung: Warum, glauben Sie, wendet sich ausgerechnet heute der Engel der Innovation mit seiner Bitte an Sie? Welche Eingebung haben Sie spontan dazu? Zu was fühlen Sie sich schließlich aufgerufen?

Praxistransfer: Was können Sie noch heute tun oder entscheiden, damit Ihr Vorhaben Wirklichkeit werden kann? Wie stellen Sie sicher, dass Sie das, was Sie sich vornehmen, auch tatsächlich tun werden?

Der Engel der Inspiration hält heute seine positive Energie für Sie bereit. Er bittet Sie, darüber nachzudenken, was das Thema seiner Berufung mit Ihnen selbst zu

tun haben könnte. Sie würdigen seine Gegenwart, indem Sie daraufhin etwas für sich tun oder entscheiden!

Mögliche Bedeutungen: sich zu etwas inspirieren lassen; andere zu etwas inspirieren; sich zu etwas anregen lassen; andere zu etwas anregen; etwas Schönes tun; einen anregenden Abend mit einem lieben Menschen verbringen; sich von außen zu etwas stimulieren lassen; sich zu einer Handlung anregen lassen; sich zu einer Entscheidung inspirieren lassen; ein Sinn kann aus einer Gegebenheit abgeleitet werden ... ... Sie werden sicher eine eigene Assoziation dazu herstellen können!

Ihre persönliche Deutung: Warum, glauben Sie, wendet sich ausgerechnet heute der Engel der Inspiration mit seiner Bitte an Sie? Welche Eingebung haben Sie spontan dazu? Zu was fühlen Sie sich schließlich aufgerufen?

Praxistransfer: Was können Sie noch heute tun oder entscheiden, damit Ihr Vorhaben Wirklichkeit werden kann? Wie stellen Sie sicher, dass Sie das, was Sie sich vornehmen, auch tatsächlich tun werden?

Der Engel der Interessen hält heute seine positive Energie für Sie bereit. Er bittet Sie, darüber nachzudenken, was das Thema seiner Berufung mit Ihnen selbst zu tun haben könnte. Sie würdigen seine Gegenwart, indem Sie daraufhin etwas für sich tun oder entscheiden!

Mögliche Bedeutungen: sich für etwas interessieren; sich der eigenen Interessen bewusst sein; zu den eigenen Interessen stehen; die Interessen anderer respektieren; die Interessen anderer berücksichtigen; einen Interessenskonflikt auflösen; Bücher lesen oder Filme anschauen, die Sie interessieren; fast vergessene Interessen wieder neu wecken und in den Alltag integrieren; etwas erlernen ... ... Sie werden sicher eine eigene Assoziation dazu herstellen können!

Ihre persönliche Deutung: Warum, glauben Sie, wendet sich ausgerechnet heute der Engel der Interessen mit seiner Bitte an Sie? Welche Eingebung haben Sie spontan dazu? Zu was fühlen Sie sich schließlich aufgerufen?

Praxistransfer: Was können Sie noch heute tun oder entscheiden, damit Ihr Vorhaben Wirklichkeit werden kann? Wie stellen Sie sicher, dass Sie das, was Sie sich vornehmen, auch tatsächlich tun werden?

Der Engel der Intuition hält heute seine positive Energie für Sie bereit. Er bittet Sie, darüber nachzudenken, was das Thema seiner Berufung mit Ihnen selbst zu tun haben könnte. Sie würdigen seine Gegenwart, indem Sie daraufhin etwas für sich tun oder entscheiden!

Mögliche Bedeutungen: zu etwas eine innere Eingebung haben; etwas mit dem Bauch entscheiden; mit dem Herzen sehen; auf Assoziationen achten; sich selbst vertrauen schenken; die Aufmerksamkeit nach innen richten; etwas im Voraus erahnen; ein Gespür für etwas haben; etwas instinktiv tun; einen sechsten Sinn haben … … Sie werden sicher eine eigene Assoziation dazu herstellen können!

Ihre persönliche Deutung: Warum, glauben Sie, wendet sich ausgerechnet heute der Engel der Intuition mit seiner Bitte an Sie? Welche Eingebung haben Sie spontan dazu? Zu was fühlen Sie sich schließlich aufgerufen?

Praxistransfer: Was können Sie noch heute tun oder entscheiden, damit Ihr Vorhaben Wirklichkeit werden kann? Wie stellen Sie sicher, dass Sie das, was Sie sich vornehmen, auch tatsächlich tun werden?

Der Engel der Klarheit hält heute seine positive Energie für Sie bereit. Er bittet Sie, darüber nachzudenken, was das Thema seiner Berufung mit Ihnen selbst zu tun haben könnte. Sie würdigen seine Gegenwart, indem Sie daraufhin etwas für sich tun oder entscheiden!

Mögliche Bedeutungen: sich über etwas klar werden; Klarheit in eine Angelegenheit bringen; die Karten auf den Tisch legen; sich so zeigen, wie man ist; keine Maske tragen; ehrlich sein; eine Reinigung durchführen; sich klar und deutlich ausdrücken; für Transparenz sorgen; etwas nachvollziehbar machen; etwas anschaulich machen; etwas übersichtlich gestalten; den Durchblick behalten … … Sie werden sicher eine eigene Assoziation dazu herstellen können!

Ihre persönliche Deutung: Warum, glauben Sie, wendet sich ausgerechnet heute der Engel der Klarheit mit seiner Bitte an Sie? Welche Eingebung haben Sie spontan dazu? Zu was fühlen Sie sich schließlich aufgerufen?

Praxistransfer: Was können Sie noch heute tun oder entscheiden, damit Ihr Vorhaben Wirklichkeit werden kann? Wie stellen Sie sicher, dass Sie das, was Sie sich vornehmen, auch tatsächlich tun werden?

Der Engel der Kommunikation hält heute seine positive Energie für Sie bereit. Er bittet Sie, darüber nachzudenken, was das Thema seiner Berufung mit Ihnen selbst zu tun haben könnte. Sie würdigen seine Gegenwart, indem Sie daraufhin etwas für sich tun oder entscheiden!

Mögliche Bedeutungen: sich im Gespräch mit anderen austauschen; miteinander telefonieren; einen Brief schreiben; eine Mail an jemanden senden; eine SMS versenden; Wissen austauschen; Bücher schreiben; sich verständigen; sich mitteilen; sich ausdrücken; sagen, was man denkt; Informationen von A nach B transportieren; jemandem Auskunft geben; Kontakt aufnehmen ... ... Sie werden sicher eine eigene Assoziation dazu herstellen können!

Ihre persönliche Deutung: Warum, glauben Sie, wendet sich ausgerechnet heute der Engel der Kommunikation mit seiner Bitte an Sie? Welche Eingebung haben Sie spontan dazu? Zu was fühlen Sie sich aufgerufen?

Praxistransfer: Was können Sie noch heute tun oder entscheiden, damit Ihr Vorhaben Wirklichkeit werden kann? Wie stellen Sie sicher, dass Sie das, was Sie sich vornehmen, auch tatsächlich tun werden?

Der Engel der Kompetenz hält heute seine positive Energie für Sie bereit. Er bittet Sie, darüber nachzudenken, was das Thema seiner Berufung mit Ihnen selbst zu tun haben könnte. Sie würdigen seine Gegenwart, indem Sie daraufhin etwas für sich tun oder entscheiden!

Mögliche Bedeutungen: die eigenen Stärken würdigen; die eigenen Fähigkeiten verbessern; sich weiterbilden; etwas sehr gut können; eine besondere Gabe haben; von etwas Ahnung haben; Sachverstand haben; zu etwas befähigt sein; für etwas geeignet sein; ein hohes Potenzial ausschöpfen, einen Verantwortungsbereich ausfüllen; sich seiner Zuständigkeit bewusst sein ... ... Sie werden sicher eine eigene Assoziation dazu herstellen können!

Ihre persönliche Deutung: Warum, glauben Sie, wendet sich ausgerechnet heute der Engel der Kompetenz mit seiner Bitte an Sie? Welche Eingebung haben Sie spontan dazu? Zu was fühlen Sie sich schließlich aufgerufen?

Praxistransfer: Was können Sie noch heute tun oder entscheiden, damit Ihr Vorhaben Wirklichkeit werden kann? Wie stellen Sie sicher, dass Sie das, was Sie sich vornehmen, auch tatsächlich tun werden?

Der Engel der Kraft hält heute seine positive Energie für Sie bereit. Er bittet Sie, darüber nachzudenken, was das Thema seiner Berufung mit Ihnen selbst zu tun haben könnte. Sie würdigen seine Gegenwart, indem Sie daraufhin etwas für sich tun oder entscheiden!

Mögliche Bedeutungen: Kraft tanken; Reserven wieder auffrischen; für etwas viel Kraft aufwenden können; etwas kostet viel Kraft; Unterstützung geben; Unterstützung bekommen; etwas Großes bewegen; etwas Bedeutendes schaffen; die eigene Heilkraft einsetzen; in die Kraft des Universums vertrauen; in die eigenen Kräfte vertrauen; die eigene physische Kraft trainieren; die eigene psychische Kraft nähren ... ... Sie werden sicher eine eigene Assoziation dazu herstellen können!

Ihre persönliche Deutung: Warum, glauben Sie, wendet sich ausgerechnet heute der Engel der Kraft mit seiner Bitte an Sie? Welche Eingebung haben Sie spontan dazu? Zu was fühlen Sie sich schließlich aufgerufen?

Praxistransfer: Was können Sie noch heute tun oder entscheiden, damit Ihr Vorhaben Wirklichkeit werden kann?

Wie stellen Sie sicher, dass Sie das, was Sie sich vornehmen, auch tatsächlich tun werden?

Der Engel der Kreativität hält heute seine positive Energie für Sie bereit. Er bittet Sie, darüber nachzudenken, was das Thema seiner Berufung mit Ihnen selbst zu tun haben könnte. Sie würdigen seine Gegenwart, indem Sie daraufhin etwas für sich tun oder entscheiden!

Mögliche Bedeutungen: künstlerisch tätig sein; einfallsreich sein; Ideen haben; erfinderisch denken; geistreich handeln; etwas nach eigenen Ideen ausgestalten; gestalterisch tätig sein; für etwas viel Fantasie haben; fantasievoll sein, schöpferisch tätig sein … … Sie werden sicher eine eigene Assoziation dazu herstellen können!

Ihre persönliche Deutung: Warum, glauben Sie, wendet sich ausgerechnet heute der Engel der Kreativität mit seiner Bitte an Sie? Welche Eingebung haben Sie spontan dazu? Zu was fühlen Sie sich schließlich aufgerufen?

Praxistransfer: Was können Sie noch heute tun oder entscheiden, damit Ihr Vorhaben Wirklichkeit werden kann? Wie stellen Sie sicher, dass Sie das, was Sie sich vornehmen, auch tatsächlich tun werden?

Der Engel der Lebensfreude hält heute seine positive Energie für Sie bereit. Er bittet Sie, darüber nachzudenken, was das Thema seiner Berufung mit Ihnen selbst zu tun haben könnte. Sie würdigen seine Gegenwart, indem Sie daraufhin etwas für sich tun oder entscheiden!

Mögliche Bedeutungen: das Leben genießen; das Leben feiern; mit anderen fröhlich sein; unbeschwert sein; etwas unternehmen; unterwegs sein; etwas mit anderen teilen; Spaß haben; Lebenshunger besitzen; über Dinge lachen können; tanzen gehen; wandern gehen; in Urlaub fahren; Hobbys nachgehen; kreativ sein; etwas tun, das Freude bereitet; zur Bereicherung des Lebens beitragen ... ... Sie werden sicher eine eigene Assoziation dazu herstellen können!

Ihre persönliche Deutung: Warum, glauben Sie, wendet sich ausgerechnet heute der Engel der Lebensfreude mit seiner Bitte an Sie? Welche Eingebung haben Sie spontan dazu? Zu was fühlen Sie sich schließlich aufgerufen?

Praxistransfer: Was können Sie noch heute tun oder entscheiden, damit Ihr Vorhaben Wirklichkeit werden kann? Wie stellen Sie sicher, dass Sie das, was Sie sich vornehmen, auch tatsächlich tun werden?

Der Engel der Leichtigkeit hält heute seine positive Energie für Sie bereit. Er bittet Sie, darüber nachzudenken, was das Thema seiner Berufung mit Ihnen selbst zu tun haben könnte. Sie würdigen seine Gegenwart, indem Sie daraufhin etwas für sich tun oder entscheiden!

Mögliche Bedeutungen: das Leben leicht nehmen; sich leicht fühlen; unbeschwert durchs Leben gehen; etwas spielend leicht erreichen können; Gewicht abnehmen; es sich leicht machen; es anderen leicht machen; anderen Leichtigkeit bescheren; nicht unnötig mit Problemen beschäftigen; freie Zeit genießen; Zeit mit guten Freunden verbringen; alten Ballast abwerfen ... ... Sie werden sicher eine eigene Assoziation dazu herstellen können!

Ihre persönliche Deutung: Warum, glauben Sie, wendet sich ausgerechnet heute der Engel der Leichtigkeit mit seiner Bitte an Sie? Welche Eingebung haben Sie spontan dazu? Zu was fühlen Sie sich schließlich aufgerufen?

Praxistransfer: Was können Sie noch heute tun oder entscheiden, damit Ihr Vorhaben Wirklichkeit werden kann? Wie stellen Sie sicher, dass Sie das, was Sie sich vornehmen, auch tatsächlich tun werden?

Der Engel der Leidenschaft hält heute seine positive Energie für Sie bereit. Er bittet Sie, darüber nachzudenken, was das Thema seiner Berufung mit Ihnen selbst zu tun haben könnte. Sie würdigen seine Gegenwart, indem Sie daraufhin etwas für sich tun oder entscheiden!

Mögliche Bedeutungen: etwas mit Leidenschaft tun; mehr Leidenschaft entwickeln; feststellen, für was Sie sich begeistern können; die Leidenschaften der anderen respektieren; sich etwas mit Leib und Seele hingeben; das Abenteuer erlauben; etwas aus großer Liebe tun; etwas mit Hingabe tun … … Sie werden sicher eine eigene Assoziation dazu herstellen können!

Ihre persönliche Deutung: Warum, glauben Sie, wendet sich ausgerechnet heute der Engel der Leidenschaft mit seiner Bitte an Sie? Welche Eingebung haben Sie spontan dazu? Zu was fühlen Sie sich schließlich aufgerufen?

Praxistransfer: Was können Sie noch heute tun oder entscheiden, damit Ihr Vorhaben Wirklichkeit werden kann? Wie stellen Sie sicher, dass Sie das, was Sie sich vornehmen, auch tatsächlich tun werden?

Der Engel des Lichts hält heute seine positive Energie für Sie bereit. Er bittet Sie, darüber nachzudenken, was das Thema seiner Berufung mit Ihnen selbst zu tun haben könnte. Sie würdigen seine Gegenwart, indem Sie daraufhin etwas für sich tun oder entscheiden!

Mögliche Bedeutungen: etwas hell erstrahlen lassen; Licht ins Dunkle bringen; in das Sonnenlicht hinaus gehen; etwas klarstellen; etwas sichtbar machen; etwas ans Licht heben; etwas in die Welt bringen; für jemanden eine Kerze anzünden; das eigene Licht nicht unter den Scheffel stellen; eine Angelegenheit klären … … Sie werden sicher eine eigene Assoziation dazu herstellen können!

Ihre persönliche Deutung: Warum, glauben Sie, wendet sich ausgerechnet heute der Engel des Lichts mit seiner Bitte an Sie? Welche Eingebung haben Sie spontan dazu? Zu was fühlen Sie sich schließlich aufgerufen?

Praxistransfer: Was können Sie noch heute tun oder entscheiden, damit Ihr Vorhaben Wirklichkeit werden kann? Wie stellen Sie sicher, dass Sie das, was Sie sich vornehmen, auch tatsächlich tun werden?

Der Engel der Liebe hält heute seine positive Energie für Sie bereit. Er bittet Sie, darüber nachzudenken, was das Thema seiner Berufung mit Ihnen selbst zu tun haben könnte. Sie würdigen seine Gegenwart, indem Sie daraufhin etwas für sich tun oder entscheiden!

Mögliche Bedeutungen: sich der Kraft der Liebe bewusstwerden; jemanden mit einer lieben Geste überraschen; Liebe in die Welt bringen; etwas lieben; etwas wertschätzen; einen Menschen lieben; ein Tier lieben; eine Sache lieben; etwas aus Liebe tun; den anderen so nehmen, wie er ist; sich selbst lieben; das Leben lieben; etwas Gutes tun; sich verschenken; jemandem ein Geschenk machen; sich selbst etwas schenken ... ... Sie werden sicher eine eigene Assoziation dazu herstellen können!

Ihre persönliche Deutung: Warum, glauben Sie, wendet sich ausgerechnet heute der Engel der Liebe mit seiner

Bitte an Sie? Welche Eingebung haben Sie spontan dazu? Zu was fühlen Sie sich schließlich aufgerufen?

Praxistransfer: Was können Sie noch heute tun oder entscheiden, damit Ihr Vorhaben Wirklichkeit werden kann? Wie stellen Sie sicher, dass Sie das, was Sie sich vornehmen, auch tatsächlich tun werden?

Der Engel der Meditation hält heute seine positive Energie für Sie bereit. Er bittet Sie, darüber nachzudenken, was das Thema seiner Berufung mit Ihnen selbst zu tun haben könnte. Sie würdigen seine Gegenwart, indem Sie daraufhin etwas für sich tun oder entscheiden!

Mögliche Bedeutungen: in sich hineinspüren; auf innere Wahrnehmungen achten; innere Erkenntnisprozesse anstoßen; sich entspannen; sich in Trance begeben; intuitives Wissen aufspüren; zur Ruhe kommen; Körper, Geist und Seele in Einklang bringen; einen Ausgleich zum Alltag schaffen; Erholungspausen einrichten; sich mit sich selbst verbinden ... ... Sie werden sicher eine eigene Assoziation dazu herstellen können!

Ihre persönliche Deutung: Warum, glauben Sie, wendet sich ausgerechnet heute der Engel der Meditation mit seiner Bitte an Sie? Welche Eingebung haben Sie spontan dazu? Zu was fühlen Sie sich schließlich aufgerufen?

Praxistransfer: Was können Sie noch heute tun oder ent-scheiden, damit Ihr Vorhaben Wirklichkeit werden kann? Wie stellen Sie sicher, dass Sie das, was Sie sich vorneh-men, auch tatsächlich tun werden?

Der Engel des Mitgefühls hält heute seine positive Energie für Sie bereit. Er bittet Sie, darüber nachzuden-ken, was das Thema seiner Berufung mit Ihnen selbst zu tun haben könnte. Sie würdigen seine Gegenwart, indem Sie daraufhin etwas für sich tun oder entscheiden!

Mögliche Bedeutungen: mit anderen mitfühlen; sich in andere hineinversetzen können; für andere da sein; mit sich selbst mitfühlen; für sich selbst um Mitgefühl bitten; etwas mit einem anderen teilen; Anteil an etwas nehmen; empathisch sein; nicht wegschauen; einem anderen zur Seite stehen; etwas nachempfinden können ... ... Sie wer-den sicher eine eigene Assoziation dazu herstellen können!

Ihre persönliche Deutung: Warum, glauben Sie, wendet sich ausgerechnet heute der Engel des Mitgefühls mit sei-ner Bitte an Sie? Welche Eingebung haben Sie spontan dazu? Zu was fühlen Sie sich schließlich aufgerufen?

Praxistransfer: Was können Sie noch heute tun oder ent-scheiden, damit Ihr Vorhaben Wirklichkeit werden kann? Wie stellen Sie sicher, dass Sie das, was Sie sich vorneh-men, auch tatsächlich tun werden?

Der Engel der Motivation hält heute seine positive Energie für Sie bereit. Er bittet Sie, darüber nachzudenken, was das Thema seiner Berufung mit Ihnen selbst zu tun haben könnte. Sie würdigen seine Gegenwart, indem Sie daraufhin etwas für sich tun oder entscheiden!

Mögliche Bedeutungen: sich zu etwas motivieren lassen; einen anderen zu etwas motivieren; sich begeistern lassen; einen anderen begeistern; etwas Anregendes tun; etwas Anregendes zu sich selbst oder zu einem anderen sagen; den inneren Schweinehund überwinden; einen Sinn in etwas sehen; Freude an etwas haben; ein Ziel unbedingt erreichen wollen; ein Ziel erreichbar machen; sich für Erfolge belohnen ... ... Sie werden sicher eine eigene Assoziation dazu herstellen können!

Ihre persönliche Deutung: Warum, glauben Sie, wendet sich ausgerechnet heute der Engel der Motivation mit seiner Bitte an Sie? Welche Eingebung haben Sie spontan dazu? Zu was fühlen Sie sich schließlich aufgerufen?

Praxistransfer: Was können Sie noch heute tun oder entscheiden, damit Ihr Vorhaben Wirklichkeit werden kann? Wie stellen Sie sicher, dass Sie das, was Sie sich vornehmen, auch tatsächlich tun werden?

Der Engel des Neuanfangs hält heute seine positive Energie für Sie bereit. Er bittet Sie, darüber nachzudenken, was das Thema seiner Berufung mit Ihnen selbst zu

tun haben könnte. Sie würdigen seine Gegenwart, indem Sie daraufhin etwas für sich tun oder entscheiden!

Mögliche Bedeutungen: etwas Neues anfangen; etwas zu Ende bringen, um etwas neu zu beginnen; sich etwas Neues kaufen; sich von etwas verabschieden, um Platz für etwas anderes zu schaffen; einen Schlussstrich ziehen; ein neues Leben beginnen; etwas anders machen, als zuvor; eine Veränderung herbei führen; sich eine neue Chance geben; einem anderen eine zweite Chance geben; einen neuen Beruf erlernen; einer neuen Liebe eine Chance geben ... ... Sie werden sicher eine eigene Assoziation dazu herstellen können!

Ihre persönliche Deutung: Warum, glauben Sie, wendet sich ausgerechnet heute der Engel des Neuanfangs mit seiner Bitte an Sie? Welche Eingebung haben Sie spontan dazu? Zu was fühlen Sie sich schließlich aufgerufen?

Praxistransfer: Was können Sie noch heute tun oder entscheiden, damit Ihr Vorhaben Wirklichkeit werden kann? Wie stellen Sie sicher, dass Sie das, was Sie sich vornehmen, auch tatsächlich tun werden?

Der Engel der Neugier hält heute seine positive Energie für Sie bereit. Er bittet Sie, darüber nachzudenken, was das Thema seiner Berufung mit Ihnen selbst zu tun haben könnte. Sie würdigen seine Gegenwart, indem Sie daraufhin etwas für sich tun oder entscheiden!

Mögliche Bedeutungen: sich für etwas sehr interessieren; andere auf sich selbst neugierig machen; auf andere neugierig sein; sich stets für etwas Neues begeistern können; nicht zu neugierig sein; anderen ihre Privatsphäre zugestehen; für die Neugier der anderen Verständnis haben; Neugier ist eine positive äußerst lebensdienliche Kraftquelle, die nie versiegen sollte ... ... Sie werden sicher eine eigene Assoziation dazu herstellen können!

Ihre persönliche Deutung: Warum, glauben Sie, wendet sich ausgerechnet heute der Engel der Neugier mit seiner Bitte an Sie? Welche Eingebung haben Sie spontan dazu? Zu was fühlen Sie sich schließlich aufgerufen?

Praxistransfer: Was können Sie noch heute tun oder entscheiden, damit Ihr Vorhaben Wirklichkeit werden kann? Wie stellen Sie sicher, dass Sie das, was Sie sich vornehmen, auch tatsächlich tun werden?

Der Engel der Offenheit hält heute seine positive Energie für Sie bereit. Er bittet Sie, darüber nachzudenken, was das Thema seiner Berufung mit Ihnen selbst zu tun haben könnte. Sie würdigen seine Gegenwart, indem Sie daraufhin etwas für sich tun oder entscheiden!

Mögliche Bedeutungen: für Neues offen sein; sich anderen Menschen gegenüber öffnen können; etwas offen und ehrlich aussprechen; anderen erlauben, offen und ehrlich sein zu dürfen; sich über die Offenheit und Ehrlichkeit der anderen nicht beschweren; flexibel auf viele unterschiedliche Umstände und Anforderungen reagieren können; für andere da sein; für die Meinung der anderen ein offenes Ohr haben ... ... Sie werden sicher eine eigene Assoziation dazu herstellen können!

Ihre persönliche Deutung: Warum, glauben Sie, wendet sich ausgerechnet heute der Engel der Offenheit mit seiner Bitte an Sie? Welche Eingebung haben Sie spontan dazu? Zu was fühlen Sie sich schließlich aufgerufen?

Praxistransfer: Was können Sie noch heute tun oder entscheiden, damit Ihr Vorhaben Wirklichkeit werden kann? Wie stellen Sie sicher, dass Sie das, was Sie sich vornehmen, auch tatsächlich tun werden?

Der Engel des Optimismus hält heute seine positive Energie für Sie bereit. Er bittet Sie, darüber nachzudenken, was das Thema seiner Berufung mit Ihnen selbst zu tun haben könnte. Sie würdigen seine Gegenwart, indem Sie daraufhin etwas für sich tun oder entscheiden!

Mögliche Bedeutungen: das Positive in den Dingen sehen; den Sinn in Missgeschicken suchen und finden; verstehen, dass nichts ohne Grund geschieht; gut drauf sein; ein halb gefülltes Glas als halb voll betrachten können, anstelle als halb leer; die Hoffnung nicht verlieren; immer vom Besten ausgehen; aus allem das Beste machen können; den Kopf nicht in den Sand stecken; nicht aufgeben;

an etwas glauben; an sich selbst glauben ... ... Sie werden sicher eine eigene Assoziation dazu herstellen können!

Ihre persönliche Deutung: Warum, glauben Sie, wendet sich ausgerechnet heute der Engel des Optimismus mit seiner Bitte an Sie? Welche Eingebung haben Sie spontan dazu? Zu was fühlen Sie sich schließlich aufgerufen?

Praxistransfer: Was können Sie noch heute tun oder entscheiden, damit Ihr Vorhaben Wirklichkeit werden kann? Wie stellen Sie sicher, dass Sie das, was Sie sich vornehmen, auch tatsächlich tun werden?

Der Engel der Ordnung hält heute seine positive Energie für Sie bereit. Er bittet Sie, darüber nachzudenken, was das Thema seiner Berufung mit Ihnen selbst zu tun haben könnte. Sie würdigen seine Gegenwart, indem Sie daraufhin etwas für sich tun oder entscheiden!

Mögliche Bedeutungen: etwas in Ordnung bringen; etwas neu sortieren; den Gegebenheiten einen Sinn zuordnen; eine Information richtig einordnen; etwas reparieren; einen Streit beilegen; Probleme werden aufgelöst; alles kommt wieder ins Lot; der Weg ebnet sich; alles hat seine Richtigkeit ... ... Sie werden sicher eine eigene Assoziation dazu herstellen können!

Ihre persönliche Deutung: Warum, glauben Sie, wendet sich ausgerechnet heute der Engel der Ordnung mit seiner

Bitte an Sie? Welche Eingebung haben Sie spontan dazu? Zu was fühlen Sie sich schließlich aufgerufen?

Praxistransfer: Was können Sie noch heute tun oder entscheiden, damit Ihr Vorhaben Wirklichkeit werden kann? Wie stellen Sie sicher, dass Sie das, was Sie sich vornehmen, auch tatsächlich tun werden?

Der Engel der Orientierung hält heute seine positive Energie für Sie bereit. Er bittet Sie, darüber nachzudenken, was das Thema seiner Berufung mit Ihnen selbst zu tun haben könnte. Sie würdigen seine Gegenwart, indem Sie daraufhin etwas für sich tun oder entscheiden!

Mögliche Bedeutungen: sich neu orientieren; sich Neuen Dingen zuwenden; den richtigen Weg finden können; die richtige Entscheidung treffen können; den Durchblick bekommen; über etwas die Übersicht behalten; sich mit etwas zurechtfinden; anderen zu deren besserer Orientierung zur Seite stehen; jemandem den Weg weisen … … Sie werden sicher eine eigene Assoziation dazu herstellen können!

Ihre persönliche Deutung: Warum, glauben Sie, wendet sich ausgerechnet heute der Engel der Orientierung mit seiner Bitte an Sie? Welche Eingebung haben Sie spontan dazu? Zu was fühlen Sie sich schließlich aufgerufen?

Praxistransfer: Was können Sie noch heute tun oder entscheiden, damit Ihr Vorhaben Wirklichkeit werden kann? Wie stellen Sie sicher, dass Sie das, was Sie sich vornehmen, auch tatsächlich tun werden?

Der Engel der Qualität hält heute seine positive Energie für Sie bereit. Er bittet Sie, darüber nachzudenken, was das Thema seiner Berufung mit Ihnen selbst zu tun haben könnte. Sie würdigen seine Gegenwart, indem Sie daraufhin etwas für sich tun oder entscheiden!

Mögliche Bedeutungen: die Qualität Ihres Lebens wertschätzen können; nicht die Quantität zählt, sondern die Qualität; die Qualitäten der anderen erkennen und wertschätzen; erkennen, welche Qualitäten Sie selbst haben und diese ausreichend würdigen; etwas gut und richtig machen; keine voreiligen Schlüsse ziehen; sich nicht zu unüberlegten Handlungen überreden lassen; sich auf die eigenen Fähigkeiten besinnen und sich selbst treu bleiben; die Qualitäten Ihrer Beziehungen zu anderen Menschen prüfen; die Qualitäten Ihrer Arbeitsstelle feststellen; die Qualität Ihrer Freizeit untersuchen ... ... Sie werden sicher eine eigene Assoziation dazu herstellen können!

Ihre persönliche Deutung: Warum, glauben Sie, wendet sich ausgerechnet heute der Engel der Qualität mit seiner Bitte an Sie? Welche Eingebung haben Sie spontan dazu? Zu was fühlen Sie sich schließlich aufgerufen?

Praxistransfer: Was können Sie noch heute tun oder entscheiden, damit Ihr Vorhaben Wirklichkeit werden kann? Wie stellen Sie sicher, dass Sie das, was Sie sich vornehmen, auch tatsächlich tun werden?

Der Engel der Regeneration hält heute seine positive Energie für Sie bereit. Er bittet Sie, darüber nachzudenken, was das Thema seiner Berufung mit Ihnen selbst zu tun haben könnte. Sie würdigen seine Gegenwart, indem Sie daraufhin etwas für sich tun oder entscheiden!

Mögliche Bedeutungen: sich von etwas erholen; etwas darf sich erholen; die eigenen Kräfte regenerieren; sich einen Urlaub gönnen; eine Pause machen; sich der inneren Wahrnehmung widmen; meditieren; sich entspannen; anderen eine Pause zugestehen; andere nicht überfordern; etwas neu aufbauen; etwas wiederherstellen; etwas neu aufleben lassen ... ... Sie werden sicher eine eigene Assoziation dazu herstellen können!

Ihre persönliche Deutung: Warum, glauben Sie, wendet sich ausgerechnet heute der Engel der Regeneration mit seiner Bitte an Sie? Welche Eingebung haben Sie spontan dazu? Zu was fühlen Sie sich schließlich aufgerufen?

Praxistransfer: Was können Sie noch heute tun oder entscheiden, damit Ihr Vorhaben Wirklichkeit werden kann? Wie stellen Sie sicher, dass Sie das, was Sie sich vornehmen, auch tatsächlich tun werden?

Der Engel des Reichtums hält heute seine positive Energie für Sie bereit. Er bittet Sie, darüber nachzudenken, was das Thema seiner Berufung mit Ihnen selbst zu tun haben könnte. Sie würdigen seine Gegenwart, indem Sie daraufhin etwas für sich tun oder entscheiden!

Mögliche Bedeutungen: sich auf den inneren Reichtum besinnen; sich einmal vor Augen führen, welcher Reichtum bereits vorhanden ist; zur Bereicherung des eigenen Lebens beitragen; zur Bereicherung des Lebens anderer beitragen; reich beschenkt werden; reich beschenken; wertschätzen, was ist; erkennen, was man alles hat (Dach über dem Kopf; zu essen; zu trinken; Gesundheit) ... ... Sie werden sicher eine eigene Assoziation dazu herstellen können!

Ihre persönliche Deutung: Warum, glauben Sie, wendet sich ausgerechnet heute der Engel des Reichtums mit seiner Bitte an Sie? Welche Eingebung haben Sie spontan dazu? Zu was fühlen Sie sich schließlich aufgerufen?

Praxistransfer: Was können Sie noch heute tun oder entscheiden, damit Ihr Vorhaben Wirklichkeit werden kann? Wie stellen Sie sicher, dass Sie das, was Sie sich vornehmen, auch tatsächlich tun werden?

Der Engel des Respekts hält heute seine positive Energie für Sie bereit. Er bittet Sie, darüber nachzudenken, was das Thema seiner Berufung mit Ihnen selbst zu tun haben

könnte. Sie würdigen seine Gegenwart, indem Sie daraufhin etwas für sich tun oder entscheiden!

Mögliche Bedeutungen: etwas respektieren; vor anderen Respekt haben; vor sich selbst Respekt haben; Achtung vor der Einzigartigkeit der anderen haben; das Unvermeidliche respektieren, anstatt sich dagegen aufzulehnen; den Rat eines anderen würdigen; die anderen ernst nehmen; sich selbst so respektieren, wie man auch andere respektiert; etwas von anderen halten; etwas von sich selbst halten ... ... Sie werden sicher eine eigene Assoziation dazu herstellen können!

Ihre persönliche Deutung: Warum, glauben Sie, wendet sich ausgerechnet heute der Engel des Respekts mit seiner Bitte an Sie? Welche Eingebung haben Sie spontan dazu? Zu was fühlen Sie sich schließlich aufgerufen?

Praxistransfer: Was können Sie noch heute tun oder entscheiden, damit Ihr Vorhaben Wirklichkeit werden kann? Wie stellen Sie sicher, dass Sie das, was Sie sich vornehmen, auch tatsächlich tun werden?

Der Engel der Rücksichtnahme hält heute seine positive Energie für Sie bereit. Er bittet Sie, darüber nachzudenken, was das Thema seiner Berufung mit Ihnen selbst zu tun haben könnte. Sie würdigen seine Gegenwart, indem Sie daraufhin etwas für sich tun oder entscheiden!

Mögliche Bedeutungen: auf etwas Rücksicht nehmen; die Interessen der anderen berücksichtigen; die eigenen Bedürfnisse berücksichtigen; auf Schwächere Rücksicht nehmen; auf Andersdenkende Rücksicht nehmen; auf Andersfühlende Rücksicht nehmen; anderen beistehen; für einander da sein; Fehler verzeihen können; andere verstehen können; nicht nur den eigenen Vorteil sehen, aber durchaus auch eigene Vorteile mit auf die Waagschale legen, um die eigenen Interessen zu berücksichtigen ... ... Sie werden sicher eine eigene Assoziation dazu herstellen können!

Ihre persönliche Deutung: Warum, glauben Sie, wendet sich ausgerechnet heute der Engel der Rücksichtnahme mit seiner Bitte an Sie? Welche Eingebung haben Sie spontan dazu? Zu was fühlen Sie sich aufgerufen?

Praxistransfer: Was können Sie noch heute tun oder entscheiden, damit Ihr Vorhaben Wirklichkeit werden kann? Wie stellen Sie sicher, dass Sie das, was Sie sich vornehmen, auch tatsächlich tun werden?

Der Engel der Ruhe hält heute seine positive Energie für Sie bereit. Er bittet Sie, darüber nachzudenken, was das Thema seiner Berufung mit Ihnen selbst zu tun haben könnte. Sie würdigen seine Gegenwart, indem Sie daraufhin etwas für sich tun oder entscheiden!

Mögliche Bedeutungen: sich von etwas erholen; etwas darf sich erholen; die eigenen Kräfte regenerieren; sich einen Urlaub gönnen; eine Pause machen; sich der inneren Wahrnehmung widmen; meditieren; sich entspannen; anderen eine Pause zugestehen; andere nicht überfordern; etwas neu aufbauen; etwas wiederherstellen; etwas neu aufleben lassen ... ... Sie werden sicher eine eigene Assoziation dazu herstellen können!

Ihre persönliche Deutung: Warum, glauben Sie, wendet sich ausgerechnet heute der Engel der Ruhe mit seiner Bitte an Sie? Welche Eingebung haben Sie spontan dazu? Zu was fühlen Sie sich schließlich aufgerufen?

Praxistransfer: Was können Sie noch heute tun oder entscheiden, damit Ihr Vorhaben Wirklichkeit werden kann? Wie stellen Sie sicher, dass Sie das, was Sie sich vornehmen, auch tatsächlich tun werden?

Der Engel der Rührung hält heute seine positive Energie für Sie bereit. Er bittet Sie, darüber nachzudenken, was das Thema seiner Berufung mit Ihnen selbst zu tun haben könnte. Sie würdigen seine Gegenwart, indem Sie daraufhin etwas für sich tun oder entscheiden!

Mögliche Bedeutungen: sich von etwas tief berühren lassen; das Herz öffnen; etwas Liebenswertes für andere tun; an etwas intensiv Anteil nehmen; etwas geht sehr zu Herzen; etwas sehr Trauriges geht am Ende doch noch gut aus; die Seele wird berührt; mit jemandem Mitgefühl haben; etwas Herzerfreuendes erleben; etwas Herzerfreuendes verschenken … … Sie werden sicher eine eigene Assoziation dazu herstellen können!

Ihre persönliche Deutung: Warum, glauben Sie, wendet sich ausgerechnet heute der Engel der Rührung mit seiner Bitte an Sie? Welche Eingebung haben Sie spontan dazu? Zu was fühlen Sie sich schließlich aufgerufen?

Praxistransfer: Was können Sie noch heute tun oder entscheiden, damit Ihr Vorhaben Wirklichkeit werden kann? Wie stellen Sie sicher, dass Sie das, was Sie sich vornehmen, auch tatsächlich tun werden?

Der Engel der Scham hält heute seine positive Energie für Sie bereit. Er bittet Sie, darüber nachzudenken, was das Thema seiner Berufung mit Ihnen selbst zu tun haben könnte. Sie würdigen seine Gegenwart, indem Sie daraufhin etwas für sich tun oder entscheiden!

Mögliche Bedeutungen: sich für etwas schämen; sich nicht für etwas schämen; Scham überwinden; etwas, das man getan hat, bereuen; zwischen gesunder und ungesunder Scham unterscheiden; sich der Scham stellen; sich von Scham befreien … … Sie werden sicher eine eigene Assoziation dazu herstellen können!

Ihre persönliche Deutung: Warum, glauben Sie, wendet sich ausgerechnet heute der Engel der Scham mit seiner Bitte an Sie? Welche Eingebung haben Sie spontan dazu? Zu was fühlen Sie sich schließlich aufgerufen?

Praxistransfer: Was können Sie noch heute tun oder entscheiden, damit Ihr Vorhaben Wirklichkeit werden kann? Wie stellen Sie sicher, dass Sie das, was Sie sich vornehmen, auch tatsächlich tun werden?

Der Engel des Schlafes hält heute seine positive Energie für Sie bereit. Er bittet Sie, darüber nachzudenken, was das Thema seiner Berufung mit Ihnen selbst zu tun haben könnte. Sie würdigen seine Gegenwart, indem Sie daraufhin etwas für sich tun oder entscheiden!

Mögliche Bedeutungen: ausreichend für Schlaf sorgen; sich ausreichend ausruhen; sich erholen; sich regenerieren; für einen gesunden Schlaf sorgen; etwas, das Sie schlecht schlafen lässt, auflösen; nichts tun oder sagen, das anderen schlaflose Nächte bereitet; einfach einmal nichts tun; sich freinehmen ... ... Sie werden sicher eine eigene Assoziation dazu herstellen können!

Ihre persönliche Deutung: Warum, glauben Sie, wendet sich ausgerechnet heute der Engel des Schlafes mit seiner Bitte an Sie? Welche Eingebung haben Sie spontan dazu? Zu was fühlen Sie sich schließlich aufgerufen?

Praxistransfer: Was können Sie noch heute tun oder entscheiden, damit Ihr Vorhaben Wirklichkeit werden kann? Wie stellen Sie sicher, dass Sie das, was Sie sich vornehmen, auch tatsächlich tun werden?

Der Engel der Schönheit hält heute seine positive Energie für Sie bereit. Er bittet Sie, darüber nachzudenken, was das Thema seiner Berufung mit Ihnen selbst zu tun haben könnte. Sie würdigen seine Gegenwart, indem Sie daraufhin etwas für sich tun oder entscheiden!

Mögliche Bedeutungen: das Schöne in den Dingen sehen; die Aufmerksamkeit auf das Positive richten; es sich gut gehen lassen; sich schön machen; etwas Schönes unternehmen; den Tag genießen; hinaus in die Sonne gehen; sich an der Natur erfreuen; die eigene innere Schönheit erkennen; die innere Schönheit des anderen sehen; sich mit schönen Dingen umgeben ... ... Sie werden sicher eine eigene Assoziation dazu herstellen können!

Ihre persönliche Deutung: Warum, glauben Sie, wendet sich ausgerechnet heute der Engel der Schönheit mit seiner Bitte an Sie? Welche Eingebung haben Sie spontan dazu? Zu was fühlen Sie sich schließlich aufgerufen?

Praxistransfer: Was können Sie noch heute tun oder entscheiden, damit Ihr Vorhaben Wirklichkeit werden kann? Wie stellen Sie sicher, dass Sie das, was Sie sich vornehmen, auch tatsächlich tun werden?

Der Engel des Schutzes hält heute seine positive Energie für Sie bereit. Er bittet Sie, darüber nachzudenken, was das Thema seiner Berufung mit Ihnen selbst zu tun haben könnte. Sie würdigen seine Gegenwart, indem Sie daraufhin etwas für sich tun oder entscheiden!

Mögliche Bedeutungen: sich vor etwas schützen; sich von jemandem schützen lassen; sich Schutz suchen; anderen Schutz bieten; sich gegen etwas versichern lassen; die Natur schützen; etwas unterstützen; nichts tun, was sich in irgendeiner Form auf andere negativ auswirkt; sich vor sich selbst schützen; andere vor sich selbst schützen; sich für bedrohte Tierarten engagieren ... ... Sie werden sicher eine eigene Assoziation dazu herstellen können!

Ihre persönliche Deutung: Warum, glauben Sie, wendet sich ausgerechnet heute der Engel des Schutzes mit seiner Bitte an Sie? Welche Eingebung haben Sie spontan dazu? Zu was fühlen Sie sich schließlich aufgerufen?

Praxistransfer: Was können Sie noch heute tun oder entscheiden, damit Ihr Vorhaben Wirklichkeit werden kann? Wie stellen Sie sicher, dass Sie das, was Sie sich vornehmen, auch tatsächlich tun werden?

Der Engel der Selbstachtung hält heute seine positive Energie für Sie bereit. Er bittet Sie, darüber nachzudenken, was das Thema seiner Berufung mit Ihnen selbst zu

tun haben könnte. Sie würdigen seine Gegenwart, indem Sie daraufhin etwas für sich tun oder entscheiden!

Mögliche Bedeutungen: sich selbst Beachtung schenken; aufmerksam sein, für die eigenen Wünsche und Bedürfnisse; sich selbst mit Respekt begegnen; anderen zugestehen, dass Sie sich selbst achten und nach eigenen Wünschen und Bedürfnissen leben möchten; nicht „ja" sagen, wenn man „nein" meint; ehrlich sein können; sich selbst nicht belügen; sich stets selbst in die Augen schauen können ... ... Sie werden sicher eine eigene Assoziation dazu herstellen können!

Ihre persönliche Deutung: Warum, glauben Sie, wendet sich ausgerechnet heute der Engel der Selbstachtung mit seiner Bitte an Sie? Welche Eingebung haben Sie spontan dazu? Zu was fühlen Sie sich schließlich aufgerufen?

Praxistransfer: Was können Sie noch heute tun oder entscheiden, damit Ihr Vorhaben Wirklichkeit werden kann? Wie stellen Sie sicher, dass Sie das, was Sie sich vornehmen, auch tatsächlich tun werden?

Der Engel der Selbstbestimmung hält heute seine positive Energie für Sie bereit. Er bittet Sie, darüber nachzudenken, was das Thema seiner Berufung mit Ihnen selbst zu tun haben könnte. Sie würdigen seine Gegenwart, indem Sie daraufhin etwas für sich tun oder entscheiden!

Mögliche Bedeutungen: selbst über sich und das eigene Leben bestimmten können; sich nichts von anderen vorschreiben lassen; sich nicht fremdbestimmten lassen; nach eigenen Vorstellungen handeln; eigenverantwortlich Entscheidungen treffen; sich unabhängig von der Meinung der anderen fühlen ... ... Sie werden sicher eine eigene Assoziation dazu herstellen können!

Ihre persönliche Deutung: Warum, glauben Sie, wendet sich ausgerechnet heute der Engel der Selbstbestimmung mit seiner Bitte an Sie? Welche Eingebung haben Sie spontan dazu? Zu was fühlen Sie sich aufgerufen?

Praxistransfer: Was können Sie noch heute tun oder entscheiden, damit Ihr Vorhaben Wirklichkeit werden kann? Wie stellen Sie sicher, dass Sie das, was Sie sich vornehmen, auch tatsächlich tun werden?

Der Engel des Selbstbewusstseins hält heute seine positive Energie für Sie bereit. Er bittet Sie, darüber nachzudenken, was das Thema seiner Berufung mit Ihnen selbst zu tun haben könnte. Sie würdigen seine Gegenwart, indem Sie daraufhin etwas für sich tun oder entscheiden!

Mögliche Bedeutungen: sich über das eigene Dasein bewusst sein; sich über die eigenen Fähigkeiten bewusst sein; zu sich selbst stehen können; gegenüber anderen sicher auftreten können; vom eigenen Können überzeugt sein; ein Bewusstsein für sich selbst haben; sich über die eigene Persönlichkeit bewusst sein; sich selbst kennen; reflektiert sein ... ... Sie werden sicher eine eigene Assoziation dazu herstellen können!

Ihre persönliche Deutung: Warum, glauben Sie, wendet sich ausgerechnet heute der Engel des Selbstbewusstseins mit seiner Bitte an Sie? Welche Eingebung haben Sie spontan dazu? Zu was fühlen Sie sich schließlich aufgerufen?

Praxistransfer: Was können Sie noch heute tun oder entscheiden, damit Ihr Vorhaben Wirklichkeit werden kann? Wie stellen Sie sicher, dass Sie das, was Sie sich vornehmen, auch tatsächlich tun werden?

Der Engel des Selbstrespekts hält heute seine positive Energie für Sie bereit. Er bittet Sie, darüber nachzudenken, was das Thema seiner Berufung mit Ihnen selbst zu tun haben könnte. Sie würdigen seine Gegenwart, indem Sie daraufhin etwas für sich tun oder entscheiden!

Mögliche Bedeutungen: sich selbst respektieren; auf eigene Interessen und Bedürfnisse achten; sich selbst mit Respekt begegnen; anerkennen, dass andere sich auch selbst respektieren können sollten um nach eigenen Wünschen und Bedürfnissen leben zu können; „nein" sagen, wo man „nein" sagen möchte; ehrlich zu sich selbst sein können; sich selbst nicht belügen; sich stets selbst im Spiegel betrachten können ... ... Sie werden sicher eine eigene Assoziation dazu herstellen können!

Ihre persönliche Deutung: Warum, glauben Sie, wendet sich ausgerechnet heute der Engel des Selbstrespekts mit seiner Bitte an Sie? Welche Eingebung haben Sie spontan dazu? Zu was fühlen Sie sich schließlich aufgerufen?

Praxistransfer: Was können Sie noch heute tun oder entscheiden, damit Ihr Vorhaben Wirklichkeit werden kann? Wie stellen Sie sicher, dass Sie das, was Sie sich vornehmen, auch tatsächlich tun werden?

Der Engel des Selbstschutzes hält heute seine positive Energie für Sie bereit. Er bittet Sie, darüber nachzudenken, was das Thema seiner Berufung mit Ihnen selbst zu tun haben könnte. Sie würdigen seine Gegenwart, indem Sie daraufhin etwas für sich tun oder entscheiden!

Mögliche Bedeutungen: sich selbst vor etwas schützen; für das eigene Wohlergehen sorgen; sich vor Unheil bewahren; die körpereigenen Abwehrkräfte stärken; sich regenerieren; sich nicht überfordern; sich vor Geschlechtskrankheiten schützen; sich gegen eventuelle Widrigkeiten behaupten; sich vor Problemen schützen; etwas für die Gesundheit tun; etwas zur Prophylaxe tun; respektieren, dass andere sich selbst schützen möchten ... ... Sie werden sicher eine eigene Assoziation dazu herstellen können!

Ihre persönliche Deutung: Warum, glauben Sie, wendet sich ausgerechnet heute der Engel des Selbstschutzes mit seiner Bitte an Sie? Welche Eingebung haben Sie spontan dazu? Zu was fühlen Sie sich schließlich aufgerufen?

Praxistransfer: Was können Sie noch heute tun oder entscheiden, damit Ihr Vorhaben Wirklichkeit werden kann? Wie stellen Sie sicher, dass Sie das, was Sie sich vornehmen, auch tatsächlich tun werden?

Der Engel der Selbstsicherheit hält heute seine positive Energie für Sie bereit. Er bittet Sie, darüber nachzudenken, was das Thema seiner Berufung mit Ihnen selbst zu tun haben könnte. Sie würdigen seine Gegenwart, indem Sie daraufhin etwas für sich tun oder entscheiden!

Mögliche Bedeutungen: sich sicher fühlen; sich seiner Sache sicher sein; sich seiner Fähigkeiten bewusst sein; in sich ruhen; keine Zweifel haben; keine Angst haben; Hoffnung haben; genau wissen, wie etwas funktioniert; sich in Sicherheit wiegen; sich selbst gut kennen ... ... Sie werden sicher eine eigene Assoziation dazu herstellen können!

Ihre persönliche Deutung: Warum, glauben Sie, wendet sich ausgerechnet heute der Engel der Selbstsicherheit mit seiner Bitte an Sie? Welche Eingebung haben Sie spontan dazu? Zu was fühlen Sie sich schließlich aufgerufen?

Praxistransfer: Was können Sie noch heute tun oder entscheiden, damit Ihr Vorhaben Wirklichkeit werden kann? Wie stellen Sie sicher, dass Sie das, was Sie sich vornehmen, auch tatsächlich tun werden?

Der Engel der Selbstverantwortung hält heute seine positive Energie für Sie bereit. Er bittet Sie, darüber nachzudenken, was das Thema seiner Berufung mit Ihnen selbst zu tun haben könnte. Sie würdigen seine Gegenwart, indem Sie daraufhin etwas für sich tun oder entscheiden!

Mögliche Bedeutungen: zu dem stehen, was man denkt, fühlt und tut; sich selbst für das eigene Leben verantwortlich fühlen; nicht die anderen für eigene Probleme verantwortlich machen; sich als des eigenen Glückes Schmied betrachten; für sich selbst und das eigene Leben die Verantwortung übernehmen; andere nicht bevormunden; andere ihre Entscheidungen selbst treffen lassen; sich nicht ungefragt einmischen ... ... Sie werden sicher eine eigene Assoziation dazu herstellen können!

Ihre persönliche Deutung: Warum, glauben Sie, wendet sich ausgerechnet heute der Engel der Selbstverantwortung mit seiner Bitte an Sie? Welche Eingebung haben Sie spontan dazu? Zu was fühlen Sie sich aufgerufen?

Praxistransfer: Was können Sie noch heute tun oder entscheiden, damit Ihr Vorhaben Wirklichkeit werden kann?

Wie stellen Sie sicher, dass Sie das, was Sie sich vornehmen, auch tatsächlich tun werden?

Der Engel des Selbstvertrauens hält heute seine positive
Energie für Sie bereit. Er bittet Sie, darüber nachzudenken, was das Thema seiner Berufung mit Ihnen selbst zu
tun haben könnte. Sie würdigen seine Gegenwart, indem
Sie daraufhin etwas für sich tun oder entscheiden!

Mögliche Bedeutungen: sich selbst vertrauen; sich selbst
etwas zutrauen; Vertrauen in den eigenen Lebensweg haben; auf eigene Fähigkeiten vertrauen; an die Erreichung
der eigenen Ziele glauben; ein Urvertrauen besitzen; an
etwas Höheres glauben; es anderen ermöglichen, sich
selbst vertrauen zu können; sich nicht ungefragt in die Belange anderer einmischen, denn das kann ein Angriff auf
das Selbstvertrauen des anderen sein ... ... Sie werden sicher eine eigene Assoziation dazu herstellen können!

Ihre persönliche Deutung: Warum, glauben Sie, wendet
sich ausgerechnet heute der Engel des Selbstvertrauens mit
seiner Bitte an Sie? Welche Eingebung haben Sie spontan
dazu? Zu was fühlen Sie sich schließlich aufgerufen?

Praxistransfer: Was können Sie noch heute tun oder entscheiden, damit Ihr Vorhaben Wirklichkeit werden kann?
Wie stellen Sie sicher, dass Sie das, was Sie sich vornehmen, auch tatsächlich tun werden?

Der Engel der Sexualität hält heute seine positive Energie für Sie bereit. Er bittet Sie, darüber nachzudenken, was das Thema seiner Berufung mit Ihnen selbst zu tun haben könnte. Sie würdigen seine Gegenwart, indem Sie daraufhin etwas für sich tun oder entscheiden!

Mögliche Bedeutungen: sich als sexuelles Wesen fühlen; die eigene Sexualität leben; eine eigene sexuelle Identität haben; sich als Mann oder Frau fühlen, sich sexuelle Wünsche erfüllen; einen gesunden Bezug zu Sexualität haben; auf die Sexualität der anderen Rücksicht nehmen; über den Unterschied zwischen Liebe und Sexualität nachdenken; Sexualität als etwas ganz Normales, von Gott Gegebenes betrachten; sich nicht für Sexualität schämen; die eigenen sexuellen Reize einsetzen; bestimmten sexuellen Reizen widerstehen; sich über Sexualität austauschen … … Sie werden sicher eine eigene Assoziation dazu herstellen können!

Ihre persönliche Deutung: Warum, glauben Sie, wendet sich ausgerechnet heute der Engel der Sexualität mit seiner Bitte an Sie? Welche Eingebung haben Sie spontan dazu? Zu was fühlen Sie sich schließlich aufgerufen?

Praxistransfer: Was können Sie noch heute tun oder entscheiden, damit Ihr Vorhaben Wirklichkeit werden kann? Wie stellen Sie sicher, dass Sie das, was Sie sich vornehmen, auch tatsächlich tun werden?

Der Engel der Sicherheit hält heute seine positive Energie für Sie bereit. Er bittet Sie, darüber nachzudenken, was das Thema seiner Berufung mit Ihnen selbst zu tun haben könnte. Sie würdigen seine Gegenwart, indem Sie daraufhin etwas für sich tun oder entscheiden!

Mögliche Bedeutungen: sich sicher fühlen; sich sicher sein können; sich in Sicherheit befinden; auf Sicherheiten vertrauen; sich versichern; ein gesundes Maß an Sicherheit haben wollen; zu viel Sicherheitsdenken, kann das Leben blockieren; einem anderen Sicherheit geben; keine Zweifel an etwas haben; keinen Gefahren ausgesetzt sein; sich beschützt fühlen; sich und der Welt vertrauen ... ... Sie werden sicher eine eigene Assoziation dazu herstellen können!

Ihre persönliche Deutung: Warum, glauben Sie, wendet sich ausgerechnet heute der Engel der Sicherheit mit seiner Bitte an Sie? Welche Eingebung haben Sie spontan dazu? Zu was fühlen Sie sich schließlich aufgerufen?

Praxistransfer: Was können Sie noch heute tun oder entscheiden, damit Ihr Vorhaben Wirklichkeit werden kann? Wie stellen Sie sicher, dass Sie das, was Sie sich vornehmen, auch tatsächlich tun werden?

Der Engel der Spannung hält heute seine positive Energie für Sie bereit. Er bittet Sie, darüber nachzudenken, was das Thema seiner Berufung mit Ihnen selbst zu tun haben

könnte. Sie würdigen seine Gegenwart, indem Sie daraufhin etwas für sich tun oder entscheiden!

Mögliche Bedeutungen: das Leben spannend finden; sich im Voraus auf etwas freuen; einen spannenden Film schauen; ein spannendes Buch lesen; Spannungen in einer Beziehung auflösen; den Druck aus etwas herausnehmen; Anspannungen lösen; etwas im positiven Sinne besonders aufregend finden; Spannung im Leben ist wie das Salz in der Suppe ... ... Sie werden sicher eine eigene Assoziation dazu herstellen können!

Ihre persönliche Deutung: Warum, glauben Sie, wendet sich ausgerechnet heute der Engel der Spannung mit seiner Bitte an Sie? Welche Eingebung haben Sie spontan dazu? Zu was fühlen Sie sich schließlich aufgerufen?

Praxistransfer: Was können Sie noch heute tun oder entscheiden, damit Ihr Vorhaben Wirklichkeit werden kann? Wie stellen Sie sicher, dass Sie das, was Sie sich vornehmen, auch tatsächlich tun werden?

Der Engel des Spiels hält heute seine positive Energie für Sie bereit. Er bittet Sie, darüber nachzudenken, was das Thema seiner Berufung mit Ihnen selbst zu tun haben könnte. Sie würdigen seine Gegenwart, indem Sie daraufhin etwas für sich tun oder entscheiden!

Mögliche Bedeutungen: sich die Verspieltheit bewahren; mit anderen in geselliger Runde etwas spielen; nicht mit den Gefühlen der anderen spielen; etwas spielerisch ausprobieren; spielend leicht etwas lernen; sich Spiel und Spaß gönnen; wer nichts wagt, gewinnt auch nichts; an einem Gewinnspiel teilnehmen ... ... Sie werden sicher eine eigene Assoziation dazu herstellen können!

Ihre persönliche Deutung: Warum, glauben Sie, wendet sich ausgerechnet heute der Engel des Spiels mit seiner Bitte an Sie? Welche Eingebung haben Sie spontan dazu? Zu was fühlen Sie sich schließlich aufgerufen?

Praxistransfer: Was können Sie noch heute tun oder entscheiden, damit Ihr Vorhaben Wirklichkeit werden kann? Wie stellen Sie sicher, dass Sie das, was Sie sich vornehmen, auch tatsächlich tun werden?

Der Engel der Stille hält heute seine positive Energie für Sie bereit. Er bittet Sie, darüber nachzudenken, was das Thema seiner Berufung mit Ihnen selbst zu tun haben könnte. Sie würdigen seine Gegenwart, indem Sie daraufhin etwas für sich tun oder entscheiden!

Mögliche Bedeutungen: sich ausruhen; sich zurückziehen; auf die leisen Töne hören; die Aufmerksamkeit nach innen richten; genauer hinschauen; das Detail betrachten; Rücksicht auf andere nehmen; sich besinnen; meditieren; sich innerlich sammeln; sich eine Auszeit gönnen ... ... Sie werden sicher eine eigene Assoziation dazu herstellen können!

Ihre persönliche Deutung: Warum, glauben Sie, wendet sich ausgerechnet heute der Engel der Stille mit seiner Bitte an Sie? Welche Eingebung haben Sie spontan dazu? Zu was fühlen Sie sich schließlich aufgerufen?

Praxistransfer: Was können Sie noch heute tun oder entscheiden, damit Ihr Vorhaben Wirklichkeit werden kann? Wie stellen Sie sicher, dass Sie das, was Sie sich vornehmen, auch tatsächlich tun werden?

Der Engel der Sympathie hält heute seine positive Energie für Sie bereit. Er bittet Sie, darüber nachzudenken, was das Thema seiner Berufung mit Ihnen selbst zu tun haben könnte. Sie würdigen seine Gegenwart, indem Sie daraufhin etwas für sich tun oder entscheiden!

Mögliche Bedeutungen: für andere Sympathie empfinden; auf andere sympathisch wirken; mit etwas sympathisieren; etwas gut finden; etwas ähnlich oder genauso sehen, wie ein anderer; etwas gefällt Ihnen; Sie mögen jemanden; Sie werden von anderen gemocht … … Sie werden sicher eine eigene Assoziation dazu herstellen können!

Ihre persönliche Deutung: Warum, glauben Sie, wendet sich ausgerechnet heute der Engel der Sympathie mit seiner Bitte an Sie? Welche Eingebung haben Sie spontan dazu? Zu was fühlen Sie sich schließlich aufgerufen?

Praxistransfer: Was können Sie noch heute tun oder entscheiden, damit Ihr Vorhaben Wirklichkeit werden kann? Wie stellen Sie sicher, dass Sie das, was Sie sich vornehmen, auch tatsächlich tun werden?

Der Engel der Talente hält heute seine positive Energie für Sie bereit. Er bittet Sie, darüber nachzudenken, was das Thema seiner Berufung mit Ihnen selbst zu tun haben könnte. Sie würdigen seine Gegenwart, indem Sie daraufhin etwas für sich tun oder entscheiden!

Mögliche Bedeutungen: sich auf die eigenen Talente besinnen; die eigenen Talente wertschätzen; aus den eigenen Möglichkeiten etwas machen; Talente als spezifische Gaben anerkennen; längst vergessene Talente wiederentdecken; die Talente der anderen würdigen; respektieren, dass jeder einzelne von uns seine eigenen Talente hat; jedem die Freiheit lassen, das tun zu dürfen, wozu er sich berufen fühlt ... ... Sie werden sicher eine eigene Assoziation dazu herstellen können!

Ihre persönliche Deutung: Warum, glauben Sie, wendet sich ausgerechnet heute der Engel der Talente mit seiner Bitte an Sie? Welche Eingebung haben Sie spontan dazu? Zu was fühlen Sie sich schließlich aufgerufen?

Praxistransfer: Was können Sie noch heute tun oder entscheiden, damit Ihr Vorhaben Wirklichkeit werden kann? Wie stellen Sie sicher, dass Sie das, was Sie sich vornehmen, auch tatsächlich tun werden?

Der Engel der Toleranz hält heute seine positive Energie für Sie bereit. Er bittet Sie, darüber nachzudenken, was das Thema seiner Berufung mit Ihnen selbst zu tun haben könnte. Sie würdigen seine Gegenwart, indem Sie daraufhin etwas für sich tun oder entscheiden!

Mögliche Bedeutungen: sich in Toleranz üben; tolerant sein; in einer gewissen Angelegenheit mehr Verständnis oder Akzeptanz für andere haben; sich selbst mehr tolerieren; prüfen, wem gegenüber Sie in der Vergangenheit nicht tolerant waren; überlegen, wem gegenüber Sie aktuell toleranter sein könnten ... ... Sie werden sicher eine eigene Assoziation dazu herstellen können!

Ihre persönliche Deutung: Warum, glauben Sie, wendet sich ausgerechnet heute der Engel der Toleranz mit seiner Bitte an Sie? Welche Eingebung haben Sie spontan dazu? Zu was fühlen Sie sich schließlich aufgerufen?

Praxistransfer: Was können Sie noch heute tun oder entscheiden, damit Ihr Vorhaben Wirklichkeit werden kann? Wie stellen Sie sicher, dass Sie das, was Sie sich vornehmen, auch tatsächlich tun werden?

Der Engel der Transparenz hält heute seine positive Energie für Sie bereit. Er bittet Sie, darüber nachzudenken, was das Thema seiner Berufung mit Ihnen selbst zu tun haben könnte. Sie würdigen seine Gegenwart, indem Sie daraufhin etwas für sich tun oder entscheiden!

Mögliche Bedeutungen: für mehr Durchblick sogen; etwas klarer ausdrücken; sich über etwas klar werden; etwas verdeutlichen; jemandem einen Einblick in etwas gewähren; für klare Verhältnisse sorgen; etwas offen legen; sich öffnen; einem anderen erlauben, etwas klar, deutlich und ehrlich auszusprechen; jemanden nicht im Unklaren lassen; keine halben Sachen machen ... ... Sie werden sicher eine eigene Assoziation dazu herstellen können!

Ihre persönliche Deutung: Warum, glauben Sie, wendet sich ausgerechnet heute der Engel der Transparenz mit seiner Bitte an Sie? Welche Eingebung haben Sie spontan dazu? Zu was fühlen Sie sich schließlich aufgerufen?

Praxistransfer: Was können Sie noch heute tun oder entscheiden, damit Ihr Vorhaben Wirklichkeit werden kann? Wie stellen Sie sicher, dass Sie das, was Sie sich vornehmen, auch tatsächlich tun werden?

Der Engel der Traurigkeit hält heute seine positive Energie für Sie bereit. Er bittet Sie, darüber nachzudenken, was das Thema seiner Berufung mit Ihnen selbst zu

tun haben könnte. Sie würdigen seine Gegenwart, indem Sie daraufhin etwas für sich tun oder entscheiden!

Mögliche Bedeutungen: sich genügend Zeit zum Trauern nehmen; über etwas traurig sein können; Trauer als ein wichtiges, lebensdienliches Gefühl anerkennen, ohne das Sie keinen Schmerz überwinden könnten; Trauer und Traurigkeit zulassen – nicht ausweichen; Leid und Schmerz verarbeiten und hinter sich lassen; anderen genügend Zeit zum Trauern lassen ... ... Sie werden sicher eine eigene Assoziation dazu herstellen können!

Ihre persönliche Deutung: Warum, glauben Sie, wendet sich ausgerechnet heute der Engel der Trauer/Traurigkeit mit seiner Bitte an Sie? Welche Eingebung haben Sie spontan dazu? Zu was fühlen Sie sich aufgerufen?

Praxistransfer: Was können Sie noch heute tun oder entscheiden, damit Ihr Vorhaben Wirklichkeit werden kann? Wie stellen Sie sicher, dass Sie das, was Sie sich vornehmen, auch tatsächlich tun werden?

Der Engel der Träume hält heute seine positive Energie für Sie bereit. Er bittet Sie, darüber nachzudenken, was das Thema seiner Berufung mit Ihnen selbst zu tun haben könnte. Sie würdigen seine Gegenwart, indem Sie daraufhin etwas für sich tun oder entscheiden!

Mögliche Bedeutungen: sich die eigenen Träume und Wünsche bewusst machen; die eigenen Träume und Wünsche verwirklichen; die Träume der anderen respektieren; sich den eigenen Träumen zuwenden; längst vergessene Träume wieder zum Leben erwecken; von etwas träumen; sich etwas im Geiste ausmahlen; nach dem Aufwachen die nächtlichen Träume genauer anschauen; ein Traum erfüllt sich ... ... Sie werden sicher eine eigene Assoziation dazu herstellen können!

Ihre persönliche Deutung: Warum, glauben Sie, wendet sich ausgerechnet heute der Engel der Träume mit seiner Bitte an Sie? Welche Eingebung haben Sie spontan dazu? Zu was fühlen Sie sich schließlich aufgerufen?

Praxistransfer: Was können Sie noch heute tun oder entscheiden, damit Ihr Vorhaben Wirklichkeit werden kann? Wie stellen Sie sicher, dass Sie das, was Sie sich vornehmen, auch tatsächlich tun werden?

Der Engel der Treue hält heute seine positive Energie für Sie bereit. Er bittet Sie, darüber nachzudenken, was das Thema seiner Berufung mit Ihnen selbst zu tun haben könnte. Sie würdigen seine Gegenwart, indem Sie daraufhin etwas für sich tun oder entscheiden!

Mögliche Bedeutungen: einem anderen oder den anderen treu bleiben; sich selbst treu bleiben; um sich selbst treu bleiben zu können, muss man manchmal anderen gegenüber untreu sein und sich z.B. von ihnen verabschieden können; an einer Idee festhalten; nicht aufgeben; es auf die eigene Art und Weise tun; sich selbst vertrauen können; einem anderen vertrauen können; Vertrauen herstellen ... ... Sie werden sicher eine eigene Assoziation dazu herstellen können!

Ihre persönliche Deutung: Warum, glauben Sie, wendet sich ausgerechnet heute der Engel der Treue mit seiner Bitte an Sie? Welche Eingebung haben Sie spontan dazu? Zu was fühlen Sie sich schließlich aufgerufen?

Praxistransfer: Was können Sie noch heute tun oder entscheiden, damit Ihr Vorhaben Wirklichkeit werden kann? Wie stellen Sie sicher, dass Sie das, was Sie sich vornehmen, auch tatsächlich tun werden?

Der Engel des Trostes hält heute seine positive Energie für Sie bereit. Er bittet Sie, darüber nachzudenken, was das Thema seiner Berufung mit Ihnen selbst zu tun haben könnte. Sie würdigen seine Gegenwart, indem Sie daraufhin etwas für sich tun oder entscheiden!

Mögliche Bedeutungen: einem anderen Trost spenden; für einen anderen da sein; einen anderen darauf aufmerksam machen, dass man selbst aktuell ein wenig Trost gebrauchen könnte; sich trösten lassen; sich selbst mit etwas trösten; jemanden aufheitern; jemanden beruhigen oder ermuntern; Hoffnung schenken ... ... Sie werden sicher eine eigene Assoziation dazu herstellen können!

Ihre persönliche Deutung: Warum, glauben Sie, wendet sich ausgerechnet heute der Engel des Trostes mit seiner Bitte an Sie? Welche Eingebung haben Sie spontan dazu? Zu was fühlen Sie sich schließlich aufgerufen?

Praxistransfer: Was können Sie noch heute tun oder entscheiden, damit Ihr Vorhaben Wirklichkeit werden kann? Wie stellen Sie sicher, dass Sie das, was Sie sich vornehmen, auch tatsächlich tun werden?

Der Engel der Überraschung hält heute seine positive Energie für Sie bereit. Er bittet Sie, darüber nachzudenken, was das Thema seiner Berufung mit Ihnen selbst zu tun haben könnte. Sie würdigen seine Gegenwart, indem Sie daraufhin etwas für sich tun oder entscheiden!

Mögliche Bedeutungen: von etwas überrascht werden; sich überraschen lassen; sich selbst überraschen; einen anderen mit etwas überraschen; jemandem eine Freude bereiten; ein unerwartetes Ereignis steht bevor; etwas nimmt überraschend eine Wendung; es kommt anders als man denkt; ein Aha-Erlebnis erfahren ... ... Sie werden sicher eine eigene Assoziation dazu herstellen können!

Ihre persönliche Deutung: Warum, glauben Sie, wendet sich ausgerechnet heute der Engel der Überraschung mit

seiner Bitte an Sie? Welche Eingebung haben Sie spontan dazu? Zu was fühlen Sie sich schließlich aufgerufen?

Praxistransfer: Was können Sie noch heute tun oder entscheiden, damit Ihr Vorhaben Wirklichkeit werden kann? Wie stellen Sie sicher, dass Sie das, was Sie sich vornehmen, auch tatsächlich tun werden?

Der Engel der Unbeschwertheit hält heute seine positive Energie für Sie bereit. Er bittet Sie, darüber nachzudenken, was das Thema seiner Berufung mit Ihnen selbst zu tun haben könnte. Sie würdigen seine Gegenwart, indem Sie daraufhin etwas für sich tun oder entscheiden!

Mögliche Bedeutungen: das Leben leicht nehmen; sich nicht runterziehen lassen; alten Ballast verabschieden und über Bord werfen; etwas nicht zu ernst nehmen; auch einmal Gnade vor Recht ergehen lassen; sich keine Sorgen machen; das Leben so nehmen, wie es kommt; sich von belastenden Verpflichtungen befreien; sich des Lebens freuen; anderen nicht das Leben schwer machen; das Gewissen rein halten; sich im Spiegel in die Augen schauen können; dem Alltag entfliehen; sich Ruhepausen gönnen; gut schlafen können ... ... Sie werden sicher eine eigene Assoziation dazu herstellen können!

Ihre persönliche Deutung: Warum, glauben Sie, wendet sich ausgerechnet heute der Engel der Unbeschwertheit mit seiner Bitte an Sie? Welche Eingebung haben Sie spontan dazu? Zu was fühlen Sie sich aufgerufen?

Praxistransfer: Was können Sie noch heute tun oder entscheiden, damit Ihr Vorhaben Wirklichkeit werden kann? Wie stellen Sie sicher, dass Sie das, was Sie sich vornehmen, auch tatsächlich tun werden?

Der Engel der Unsicherheit hält heute seine positive Energie für Sie bereit. Er bittet Sie, darüber nachzudenken, was das Thema seiner Berufung mit Ihnen selbst zu tun haben könnte. Sie würdigen seine Gegenwart, indem Sie daraufhin etwas für sich tun oder entscheiden!

Mögliche Bedeutungen: sich in die Unsicherheit begeben; sich auf das Abenteuer einlassen; sich von übermäßigem Sicherheitsdenken verabschieden; spontan sein; prüfen, wo Sie sich unsicher fühlen und etwas dagegen tun; Unsicherheiten auflösen; sich gegen Unsicherheiten versichern; sich darüber klar werden, dass nichts im Leben sicher ist ... ... Sie werden sicher eine eigene Assoziation dazu herstellen können!

Ihre persönliche Deutung: Warum, glauben Sie, wendet sich ausgerechnet heute der Engel der Unsicherheit mit seiner Bitte an Sie? Welche Eingebung haben Sie spontan dazu? Zu was fühlen Sie sich schließlich aufgerufen?

Praxistransfer: Was können Sie noch heute tun oder entscheiden, damit Ihr Vorhaben Wirklichkeit werden kann? Wie stellen Sie sicher, dass Sie das, was Sie sich vornehmen, auch tatsächlich tun werden?

Der Engel der Unterstützung hält heute seine positive Energie für Sie bereit. Er bittet Sie, darüber nachzudenken, was das Thema seiner Berufung mit Ihnen selbst zu tun haben könnte. Sie würdigen seine Gegenwart, indem Sie daraufhin etwas für sich tun oder entscheiden!

Mögliche Bedeutungen: sich von anderen Unterstützung holen; anderen Unterstützung anbieten; für andere da sein; sich für jemanden einsetzen; um Unterstützung bitten; sich für etwas engagieren; jemandem zur Seite stehen; sich Rat holen; einem anderen einen Rat geben; sich bei etwas begleiten lassen; andere begleiten ... ... Sie werden sicher eine eigene Assoziation dazu herstellen können!

Ihre persönliche Deutung: Warum, glauben Sie, wendet sich ausgerechnet heute der Engel der Unterstützung mit seiner Bitte an Sie? Welche Eingebung haben Sie spontan dazu? Zu was fühlen Sie sich schließlich aufgerufen?

Praxistransfer: Was können Sie noch heute tun oder entscheiden, damit Ihr Vorhaben Wirklichkeit werden kann? Wie stellen Sie sicher, dass Sie das, was Sie sich vornehmen, auch tatsächlich tun werden?

Der Engel der Veränderung hält heute seine positive Energie für Sie bereit. Er bittet Sie, darüber nachzudenken, was das Thema seiner Berufung mit Ihnen selbst zu tun haben könnte. Sie würdigen seine Gegenwart, indem Sie daraufhin etwas für sich tun oder entscheiden!

Mögliche Bedeutungen: sich verändern, etwas verändern; sich für etwas Anderes bzw. Neues entscheiden; etwas auf eine andere Art und Weise tun, als zuvor; mit der Zeit gehen; im Fluss des Lebens sein; sich neuen Chancen und Möglichkeiten öffnen; etwas wandelt sich; eine Situation neu überdenken ... ... Sie werden sicher eine eigene Assoziation dazu herstellen können!

Ihre persönliche Deutung: Warum, glauben Sie, wendet sich ausgerechnet heute der Engel der Veränderung mit seiner Bitte an Sie? Welche Eingebung haben Sie spontan dazu? Zu was fühlen Sie sich schließlich aufgerufen?

Praxistransfer: Was können Sie noch heute tun oder entscheiden, damit Ihr Vorhaben Wirklichkeit werden kann? Wie stellen Sie sicher, dass Sie das, was Sie sich vornehmen, auch tatsächlich tun werden?

Der Engel der Verbundenheit hält heute seine positive Energie für Sie bereit. Er bittet Sie, darüber nachzudenken, was das Thema seiner Berufung mit Ihnen selbst zu tun haben könnte. Sie würdigen seine Gegenwart, indem Sie daraufhin etwas für sich tun oder entscheiden!

Mögliche Bedeutungen: sich mit etwas verbunden fühlen; zu Dank verpflichtet sein; eine emotionale Bindung zu etwas haben; etwas gehört zusammen; etwas ist unzertrennlich; sich einer Gemeinschaft zugehörig fühlen; zu etwas eine Nähe haben; mit etwas sehr vertraut sein; für einander eintreten; Zusammenhalt ... ... Sie werden sicher eine eigene Assoziation dazu herstellen können!

Ihre persönliche Deutung: Warum, glauben Sie, wendet sich ausgerechnet heute der Engel der Verbundenheit mit seiner Bitte an Sie? Welche Eingebung haben Sie spontan dazu? Zu was fühlen Sie sich schließlich aufgerufen?

Praxistransfer: Was können Sie noch heute tun oder entscheiden, damit Ihr Vorhaben Wirklichkeit werden kann? Wie stellen Sie sicher, dass Sie das, was Sie sich vornehmen, auch tatsächlich tun werden?

Der Engel der Vergangenheit hält heute seine positive Energie für Sie bereit. Er bittet Sie, darüber nachzudenken, was das Thema seiner Berufung mit Ihnen selbst zu tun haben könnte. Sie würdigen seine Gegenwart, indem Sie daraufhin etwas für sich tun oder entscheiden!

Mögliche Bedeutungen: mit der Vergangenheit abschließen; sich an schöne Begebenheiten erinnern; die Aufmerksamkeit nicht in die Vergangenheit richten, sondern in die Gegenwart; mit etwas abschließen; etwas zu Ende bringen; etwas Vergangenes als Vergangenheit akzeptieren; etwas Altes loslassen, etwas ist vorbei ... ... Sie werden sicher eine eigene Assoziation dazu herstellen können!

Ihre persönliche Deutung: Warum, glauben Sie, wendet sich ausgerechnet heute der Engel der Vergangenheit mit seiner Bitte an Sie? Welche Eingebung haben Sie spontan dazu? Zu was fühlen Sie sich schließlich aufgerufen?

Praxistransfer: Was können Sie noch heute tun oder entscheiden, damit Ihr Vorhaben Wirklichkeit werden kann? Wie stellen Sie sicher, dass Sie das, was Sie sich vornehmen, auch tatsächlich tun werden?

Der Engel der Vergebung hält heute seine positive Energie für Sie bereit. Er bittet Sie, darüber nachzudenken, was das Thema seiner Berufung mit Ihnen selbst zu tun haben könnte. Sie würdigen seine Gegenwart, indem Sie daraufhin etwas für sich tun oder entscheiden!

Mögliche Bedeutungen: einem anderen etwas vergeben; jemanden um Vergebung bitten; sich selbst etwas vergeben; aus einer Mücke keinen Elefanten machen; einen Fehler verzeihen; sich mit jemandem wieder versöhnen; einer Beziehung noch einmal eine Chance geben; jemand um Entschuldigung bitten; jemand möchte Sie um Entschuldigung bitten ... ... Sie werden sicher eine eigene Assoziation dazu herstellen können!

Ihre persönliche Deutung: Warum, glauben Sie, wendet sich ausgerechnet heute der Engel der Vergebung mit seiner Bitte an Sie? Welche Eingebung haben Sie spontan dazu? Zu was fühlen Sie sich schließlich aufgerufen?

Praxistransfer: Was können Sie noch heute tun oder entscheiden, damit Ihr Vorhaben Wirklichkeit werden kann? Wie stellen Sie sicher, dass Sie das, was Sie sich vornehmen, auch tatsächlich tun werden?

Der Engel der Vergnügtheit hält heute seine positive Energie für Sie bereit. Er bittet Sie, darüber nachzudenken, was das Thema seiner Berufung mit Ihnen selbst zu tun haben könnte. Sie würdigen seine Gegenwart, indem Sie daraufhin etwas für sich tun oder entscheiden!

Mögliche Bedeutungen: sich mit etwas vergnügen; heiter sein; auch einmal lustig sein; ruhig auch einmal albern sein; etwas nicht so ernst nehmen; positiv denken; etwas tun, das Freude macht; ein Lied singen; das Gute in den Dingen sehen; das Unvermeidliche akzeptieren und keine große Sache daraus machen; mit Freunden lachen; jemandem ein Lächeln schenken ... ... Sie werden sicher eine eigene Assoziation dazu herstellen können!

Ihre persönliche Deutung: Warum, glauben Sie, wendet sich ausgerechnet heute der Engel der Vergnügtheit mit seiner Bitte an Sie? Welche Eingebung haben Sie spontan dazu? Zu was fühlen Sie sich schließlich aufgerufen?

Praxistransfer: Was können Sie noch heute tun oder entscheiden, damit Ihr Vorhaben Wirklichkeit werden kann? Wie stellen Sie sicher, dass Sie das, was Sie sich vornehmen, auch tatsächlich tun werden?

Der Engel der Verlässlichkeit hält heute seine positive Energie für Sie bereit. Er bittet Sie, darüber nachzudenken, was das Thema seiner Berufung mit Ihnen selbst zu tun haben könnte. Sie würdigen seine Gegenwart, indem Sie daraufhin etwas für sich tun oder entscheiden!

Mögliche Bedeutungen: sich auf jemanden verlassen können; sich auf sich selbst verlassen können; auf etwas ist Verlass; mit etwas ist mit Sicherheit zu rechnen; zeigen Sie, dass man sich auf Sie verlassen kann; prüfen Sie, auf wen Sie sich verlassen können ... ... Sie werden sicher eine eigene Assoziation dazu herstellen können!

Ihre persönliche Deutung: Warum, glauben Sie, wendet sich ausgerechnet heute der Engel der Verlässlichkeit mit seiner Bitte an Sie? Welche Eingebung haben Sie spontan dazu? Zu was fühlen Sie sich schließlich aufgerufen?

Praxistransfer: Was können Sie noch heute tun oder entscheiden, damit Ihr Vorhaben Wirklichkeit werden kann? Wie stellen Sie sicher, dass Sie das, was Sie sich vornehmen, auch tatsächlich tun werden?

Der Engel der Vernunft hält heute seine positive Energie für Sie bereit. Er bittet Sie, darüber nachzudenken, was das Thema seiner Berufung mit Ihnen selbst zu tun haben könnte. Sie würdigen seine Gegenwart, indem Sie daraufhin etwas für sich tun oder entscheiden!

Mögliche Bedeutungen: etwas mit gesundem Menschenverstand tun; etwas richtig verstehen; in einer gewissen Angelegenheit vernünftig sein; nichts Unüberlegtes tun; eine Entscheidung gut überlegen; nicht für alle Herzenswünsche ist gerade jetzt der richtige Zeitpunkt; den Weg des Herzens gehen, jedoch den Verstand mit einbeziehen ... ... Sie werden sicher eine eigene Assoziation dazu herstellen können!

Ihre persönliche Deutung: Warum, glauben Sie, wendet sich ausgerechnet heute der Engel der Vernunft mit seiner Bitte an Sie? Welche Eingebung haben Sie spontan dazu? Zu was fühlen Sie sich schließlich aufgerufen?

Praxistransfer: Was können Sie noch heute tun oder entscheiden, damit Ihr Vorhaben Wirklichkeit werden kann? Wie stellen Sie sicher, dass Sie das, was Sie sich vornehmen, auch tatsächlich tun werden?

Der Engel des Verstehens hält heute seine positive Energie für Sie bereit. Er bittet Sie, darüber nachzudenken, was das Thema seiner Berufung mit Ihnen selbst zu

tun haben könnte. Sie würdigen seine Gegenwart, indem Sie daraufhin etwas für sich tun oder entscheiden!

Mögliche Bedeutungen: für Andersdenkende und Andersfühlende Verständnis haben; sich in jemanden hineindenken oder-fühlen können; für sich selbst Verständnis haben; miteinander gut auskommen; die gleichen Interessen mit jemandem teilen; die Probleme der anderen verstehen können; sich für die Belange der anderen öffnen können; etwas verstehen wollen; sich für etwas interessieren ... ... Sie werden sicher eine eigene Assoziation dazu herstellen können!

Ihre persönliche Deutung: Warum, glauben Sie, wendet sich ausgerechnet heute der Engel des Verstehens mit seiner Bitte an Sie? Welche Eingebung haben Sie spontan dazu? Zu was fühlen Sie sich schließlich aufgerufen?

Praxistransfer: Was können Sie noch heute tun oder entscheiden, damit Ihr Vorhaben Wirklichkeit werden kann? Wie stellen Sie sicher, dass Sie das, was Sie sich vornehmen, auch tatsächlich tun werden?

Der Engel des Vertrauens hält heute seine positive Energie für Sie bereit. Er bittet Sie, darüber nachzudenken, was das Thema seiner Berufung mit Ihnen selbst zu tun haben könnte. Sie würdigen seine Gegenwart, indem Sie daraufhin etwas für sich tun oder entscheiden!

Mögliche Bedeutungen: jemandem Vertrauen schenken; sich selbst vertrauen; Vertrauen ins Leben haben; auf einen Erfolg vertrauen; auf Gott vertrauen; an das Erreichen eines Ziels glauben; sich auf die eigenen Fähigkeiten und Stärken verlassen können; jemandem etwas im Vertrauen sagen; jemandem die Chance geben, sich Ihnen anvertrauen zu können ... ... Sie werden sicher eine eigene Assoziation dazu herstellen können!

Ihre persönliche Deutung: Warum, glauben Sie, wendet sich ausgerechnet heute der Engel des Vertrauens mit seiner Bitte an Sie? Welche Eingebung haben Sie spontan dazu? Zu was fühlen Sie sich schließlich aufgerufen?

Praxistransfer: Was können Sie noch heute tun oder entscheiden, damit Ihr Vorhaben Wirklichkeit werden kann? Wie stellen Sie sicher, dass Sie das, was Sie sich vornehmen, auch tatsächlich tun werden?

Der Engel der Vielfalt hält heute seine positive Energie für Sie bereit. Er bittet Sie, darüber nachzudenken, was das Thema seiner Berufung mit Ihnen selbst zu tun haben könnte. Sie würdigen seine Gegenwart, indem Sie daraufhin etwas für sich tun oder entscheiden!

Mögliche Bedeutungen: aus einer Vielzahl an Möglichkeiten auswählen; vielfältige Interessen haben; inneren Reichtum haben; materiellen Reichtum haben; die freie Auswahl haben; die Unterschiede eines jeden Einzelnen achten; viel Abwechslung haben; vielseitig talentiert sein; flexibel reagieren können ... ... Sie werden sicher eine eigene Assoziation dazu herstellen können!

Ihre persönliche Deutung: Warum, glauben Sie, wendet sich ausgerechnet heute der Engel der Vielfalt mit seiner Bitte an Sie? Welche Eingebung haben Sie spontan dazu? Zu was fühlen Sie sich schließlich aufgerufen?

Praxistransfer: Was können Sie noch heute tun oder entscheiden, damit Ihr Vorhaben Wirklichkeit werden kann? Wie stellen Sie sicher, dass Sie das, was Sie sich vornehmen, auch tatsächlich tun werden?

Der Engel der Visionen hält heute seine positive Energie für Sie bereit. Er bittet Sie, darüber nachzudenken, was das Thema seiner Berufung mit Ihnen selbst zu tun haben könnte. Sie würdigen seine Gegenwart, indem Sie daraufhin etwas für sich tun oder entscheiden!

Mögliche Bedeutungen: sich einen großen Traum vor Augen führen; eine Vorstellung von etwas haben; eigene Visionen entwickeln; an eigene Visionen glauben; eine Vision verwirklichen; etwas veranschaulichen; etwas Großes oder Neues voraussehen; sich etwas erträumen; eine Erscheinung haben; ein Zukunftsbild haben ... ... Sie werden sicher eine eigene Assoziation dazu herstellen können!

Ihre persönliche Deutung: Warum, glauben Sie, wendet sich ausgerechnet heute der Engel der Visionen mit seiner Bitte an Sie? Welche Eingebung haben Sie spontan dazu? Zu was fühlen Sie sich schließlich aufgerufen?

Praxistransfer: Was können Sie noch heute tun oder entscheiden, damit Ihr Vorhaben Wirklichkeit werden kann? Wie stellen Sie sicher, dass Sie das, was Sie sich vornehmen, auch tatsächlich tun werden?

Der Engel der Wachheit hält heute seine positive Energie für Sie bereit. Er bittet Sie, darüber nachzudenken, was das Thema seiner Berufung mit Ihnen selbst zu tun haben könnte. Sie würdigen seine Gegenwart, indem Sie daraufhin etwas für sich tun oder entscheiden!

Mögliche Bedeutungen: mit der Aufmerksamkeit ganz bei etwas sein; hellwach sein; wachsam sein; ausgeschlafen haben; lebendig sein; volle Leistung bringen; alles mitbekommen; nichts übersehen; nichts vergessen; nichts verlieren; im Hier und Jetzt sein; geistesgegenwärtig sein; sich konzentrieren können ... ... Sie werden sicher eine eigene Assoziation dazu herstellen können!

Ihre persönliche Deutung: Warum, glauben Sie, wendet sich ausgerechnet heute der Engel der Wachheit mit seiner Bitte an Sie? Welche Eingebung haben Sie spontan dazu? Zu was fühlen Sie sich schließlich aufgerufen?

Praxistransfer: Was können Sie noch heute tun oder entscheiden, damit Ihr Vorhaben Wirklichkeit werden kann? Wie stellen Sie sicher, dass Sie das, was Sie sich vornehmen, auch tatsächlich tun werden?

Der Engel des Wachstums hält heute seine positive Energie für Sie bereit. Er bittet Sie, darüber nachzudenken, was das Thema seiner Berufung mit Ihnen selbst zu tun haben könnte. Sie würdigen seine Gegenwart, indem Sie daraufhin etwas für sich tun oder entscheiden!

Mögliche Bedeutungen: etwas wachsen lassen; sich etwas entwickeln lassen; etwas entwickeln; auf dem eigenen Weg weiterkommen; Erfolge haben; etwas wird größer; etwas entwickelt sich weiter; das Bewusstsein wird umfangreicher; die Lebensqualität verbessern; seelisch-geistig wachsen; innere Größe entwickeln; etwas kann sich ausbreiten; sich weiterbilden ... ... Sie werden sicher eine eigene Assoziation dazu herstellen können!

Ihre persönliche Deutung: Warum, glauben Sie, wendet sich ausgerechnet heute der Engel des Wachstums mit seiner Bitte an Sie? Welche Eingebung haben Sie spontan dazu? Zu was fühlen Sie sich schließlich aufgerufen?

Praxistransfer: Was können Sie noch heute tun oder entscheiden, damit Ihr Vorhaben Wirklichkeit werden kann? Wie stellen Sie sicher, dass Sie das, was Sie sich vornehmen, auch tatsächlich tun werden?

Der Engel der Wahrheit hält heute seine positive Energie für Sie bereit. Er bittet Sie, darüber nachzudenken, was das Thema seiner Berufung mit Ihnen selbst zu tun haben könnte. Sie würdigen seine Gegenwart, indem Sie daraufhin etwas für sich tun oder entscheiden!

Mögliche Bedeutungen: die Wahrheit sagen; ehrlich sein; die Wahrheit erfahren; sich einem anderen anvertrauen; einem anderen die Chance geben, sich Ihnen anvertrauen zu können; jeder Mensch hat seine eigene Wahrheit, das gilt es zu respektieren; die Wahrheit der anderen akzeptieren; erkennen, wie etwas wirklich ist; ein Geheimnis lüften; ein Geheimnis erfahren; Wahrheit kann verletzen, manchmal ist es besser sie nicht auszusprechen um auf jemanden Rücksicht zu nehmen, der sie nicht vertragen kann; die Wahrheit für sich behalten ... ... Sie werden sicher eine eigene Assoziation dazu herstellen können!

Ihre persönliche Deutung: Warum, glauben Sie, wendet sich ausgerechnet heute der Engel der Wahrheit mit seiner Bitte an Sie? Welche Eingebung haben Sie spontan dazu? Zu was fühlen Sie sich schließlich aufgerufen?

Praxistransfer: Was können Sie noch heute tun oder entscheiden, damit Ihr Vorhaben Wirklichkeit werden kann? Wie stellen Sie sicher, dass Sie das, was Sie sich vornehmen, auch tatsächlich tun werden?

Der Engel des Wandels hält heute seine positive Energie für Sie bereit. Er bittet Sie, darüber nachzudenken, was das Thema seiner Berufung mit Ihnen selbst zu tun haben könnte. Sie würdigen seine Gegenwart, indem Sie daraufhin etwas für sich tun oder entscheiden!

Mögliche Bedeutungen: etwas die Chance geben, sich verändern zu können; etwas verändern; etwas verändert sich; mit der Zeit gehen; aus etwas Altem, etwas Neues machen; ein anderer Mensch werden; Denk- und Verhaltensmuster hinterfragen und eventuell gegen neue austauschen; sich beruflich verändern; sich für etwas Anderes interessieren; die Vergangenheit hinter sich lassen; etwas verwandeln/umwandeln; anderen die Chance geben, sich verändern zu können ... ... Sie werden sicher eine eigene Assoziation dazu herstellen können!

Ihre persönliche Deutung: Warum, glauben Sie, wendet sich ausgerechnet heute der Engel des Wandels mit seiner Bitte an Sie? Welche Eingebung haben Sie spontan dazu? Zu was fühlen Sie sich schließlich aufgerufen?

Praxistransfer: Was können Sie noch heute tun oder entscheiden, damit Ihr Vorhaben Wirklichkeit werden kann? Wie stellen Sie sicher, dass Sie das, was Sie sich vornehmen, auch tatsächlich tun werden?

Der Engel der Wechselwirksamkeit hält heute seine positive Energie für Sie bereit. Er bittet Sie, darüber nachzudenken, was das Thema seiner Berufung mit Ihnen selbst zu tun haben könnte. Sie würdigen seine Gegenwart, indem Sie daraufhin etwas für sich tun oder entscheiden!

Mögliche Bedeutungen: gegenseitig auf einander einwirken; wechselseitig voneinander abhängig sein; Ausgleich zwischen Geben und Nehmen schaffen; Wechselbeziehung zwischen zwei oder mehreren Menschen, Systemen oder Dingen; etwas, das sich gegenseitig beeinflusst; etwas, das sich gegenseitig beeinträchtigt; etwas, das sich miteinander austauscht ... ... Sie werden sicher eine eigene Assoziation dazu herstellen können!

Ihre persönliche Deutung: Warum, glauben Sie, wendet sich ausgerechnet heute der Engel der Wechselwirksamkeit mit seiner Bitte an Sie? Welche Eingebung haben Sie spontan dazu? Zu was fühlen Sie sich aufgerufen?

Praxistransfer: Was können Sie noch heute tun oder entscheiden, damit Ihr Vorhaben Wirklichkeit werden kann? Wie stellen Sie sicher, dass Sie das, was Sie sich vornehmen, auch tatsächlich tun werden?

Der Engel der Wertschätzung hält heute seine positive Energie für Sie bereit. Er bittet Sie, darüber nachzudenken, was das Thema seiner Berufung mit Ihnen selbst zu

tun haben könnte. Sie würdigen seine Gegenwart, indem Sie daraufhin etwas für sich tun oder entscheiden!

Mögliche Bedeutungen: etwas wertschätzen; etwas sehr mögen; etwas würdigen; anderen gegenüber wertschätzend sein; sich selbst wertschätzend begegnen; Achtung vor etwas haben; jemandem Anerkennung für etwas geben; jemandem Bestätigung geben; etwas bewundern können; jemandem mit Ehrerbietung begegnen; jemanden um Zuspruch bitten ... ... Sie werden sicher eine eigene Assoziation dazu herstellen können!

Ihre persönliche Deutung: Warum, glauben Sie, wendet sich ausgerechnet heute der Engel der Wertschätzung mit seiner Bitte an Sie? Welche Eingebung haben Sie spontan dazu? Zu was fühlen Sie sich schließlich aufgerufen?

Praxistransfer: Was können Sie noch heute tun oder entscheiden, damit Ihr Vorhaben Wirklichkeit werden kann? Wie stellen Sie sicher, dass Sie das, was Sie sich vornehmen, auch tatsächlich tun werden?

Der Engel des Wohlbefindens hält heute seine positive Energie für Sie bereit. Er bittet Sie, darüber nachzudenken, was das Thema seiner Berufung mit Ihnen selbst zu tun haben könnte. Sie würdigen seine Gegenwart, indem Sie daraufhin etwas für sich tun oder entscheiden!

Mögliche Bedeutungen: für das eigenen Wohlbefinden sorgen; für das Wohlbefinden der anderen sorgen; allgemein für gute Stimmung sorgen; etwas für die Gesundheit tun; etwas unterlassen, das der Gesundheit schadet; sich ausruhen; sich entspannen; Urlaub machen; etwas Schönes unternehmen; es sich gutgehen lassen ... ... Sie werden sicher eine eigene Assoziation dazu herstellen können!

Ihre persönliche Deutung: Warum, glauben Sie, wendet sich ausgerechnet heute der Engel des Wohlbefindens mit seiner Bitte an Sie? Welche Eingebung haben Sie spontan dazu? Zu was fühlen Sie sich schließlich aufgerufen?

Praxistransfer: Was können Sie noch heute tun oder entscheiden, damit Ihr Vorhaben Wirklichkeit werden kann? Wie stellen Sie sicher, dass Sie das, was Sie sich vornehmen, auch tatsächlich tun werden?

Der Engel des Wohlwollens hält heute seine positive Energie für Sie bereit. Er bittet Sie, darüber nachzudenken, was das Thema seiner Berufung mit Ihnen selbst zu tun haben könnte. Sie würdigen seine Gegenwart, indem Sie daraufhin etwas für sich tun oder entscheiden!

Mögliche Bedeutungen: jemandem wohlwollend begegnen; sich selbst gegenüber wohlwollend sein; etwas akzeptieren; etwas bejahen; jemandem zustimmen; jemandem entgegenkommen; freundlich zu jemandem sein; aufgeschlossen für etwas sein; sich gütig zeigen; Herzensgüte besitzen; herzlich sein; liebenswürdig sein; mit jemandem Milde haben; etwas mildtätiges tun; sich warmherzig zeigen; jemandem Wärme schenken … … Sie werden sicher eine eigene Assoziation dazu herstellen können!

Ihre persönliche Deutung: Warum, glauben Sie, wendet sich ausgerechnet heute der Engel des Wohlwollens mit seiner Bitte an Sie? Welche Eingebung haben Sie spontan dazu? Zu was fühlen Sie sich schließlich aufgerufen?

Praxistransfer: Was können Sie noch heute tun oder entscheiden, damit Ihr Vorhaben Wirklichkeit werden kann? Wie stellen Sie sicher, dass Sie das, was Sie sich vornehmen, auch tatsächlich tun werden?

Der Engel der Wünsche hält heute seine positive Energie für Sie bereit. Er bittet Sie, darüber nachzudenken, was das Thema seiner Berufung mit Ihnen selbst zu tun haben könnte. Sie würdigen seine Gegenwart, indem Sie daraufhin etwas für sich tun oder entscheiden!

Mögliche Bedeutungen: sich etwas Wünschen; sich einen Wunsch erfüllen; einem anderen einen Wunsch erfüllen; vergessene Wünsche neu aufleben lassen; einen Wunsch frei haben; sich etwas Gutes tun; sich selbst etwas schenken; etwas verschenken; jemandem einen Wunsch von den Augen ablesen; wissen, was man sich wünscht; wissen, was der andere sich wünscht; auf die Wünsche der anderen eingehen; anderen von den eigenen Wünschen erzählen ... ... Sie werden sicher eine eigene Assoziation dazu herstellen können!

Ihre persönliche Deutung: Warum, glauben Sie, wendet sich ausgerechnet heute der Engel der Wünsche mit seiner Bitte an Sie? Welche Eingebung haben Sie spontan dazu? Zu was fühlen Sie sich schließlich aufgerufen?

Praxistransfer: Was können Sie noch heute tun oder entscheiden, damit Ihr Vorhaben Wirklichkeit werden kann? Wie stellen Sie sicher, dass Sie das, was Sie sich vornehmen, auch tatsächlich tun werden?

Der Engel der Wuncherfüllung hält heute seine positive Energie für Sie bereit. Er bittet Sie, darüber nachzudenken, was das Thema seiner Berufung mit Ihnen selbst zu tun haben könnte. Sie würdigen seine Gegenwart, indem Sie daraufhin etwas für sich tun oder entscheiden!

Mögliche Bedeutungen: ein Wunsch geht in Erfüllung; sich einen Wunsch erfüllen lassen; einem anderen einen Wunsch erfüllen; einen Wunsch frei haben; sich selbst etwas schenken; etwas verschenken; jemandem einen Wunsch von den Augen ablesen; die Wünsche der anderen achten; anderen von den eigenen Wünschen erzählen; sich selbst verwirklichen; den eigenen Weg gehen ... ... Sie werden sicher eine eigene Assoziation dazu herstellen können!

Ihre persönliche Deutung: Warum, glauben Sie, wendet sich ausgerechnet heute der Engel der Wunscherfüllung mit seiner Bitte an Sie? Welche Eingebung haben Sie spontan dazu? Zu was fühlen Sie sich schließlich aufgerufen?

Praxistransfer: Was können Sie noch heute tun oder entscheiden, damit Ihr Vorhaben Wirklichkeit werden kann? Wie stellen Sie sicher, dass Sie das, was Sie sich vornehmen, auch tatsächlich tun werden?

Der Engel der Zärtlichkeit hält heute seine positive Energie für Sie bereit. Er bittet Sie, darüber nachzudenken, was das Thema seiner Berufung mit Ihnen selbst zu tun haben könnte. Sie würdigen seine Gegenwart, indem Sie daraufhin etwas für sich tun oder entscheiden!

Mögliche Bedeutungen: Zeit für Zärtlichkeiten; zu einem anderen sehr nett sein; sich selbst verwöhnen; jemanden liebevoll behandeln; sich von etwas sanft im Herzen berühren lassen; etwas mit viel Fingerspitzengefühl tun; sich nach Zärtlichkeit sehnen; einem anderen mitteilen, dass man sich nach Zuwendung sehnt ... ... Sie werden sicher eine eigene Assoziation dazu herstellen können!

Ihre persönliche Deutung: Warum, glauben Sie, wendet sich ausgerechnet heute der Engel der Zärtlichkeit mit seiner Bitte an Sie? Welche Eingebung haben Sie spontan dazu? Zu was fühlen Sie sich schließlich aufgerufen?

Praxistransfer: Was können Sie noch heute tun oder entscheiden, damit Ihr Vorhaben Wirklichkeit werden kann? Wie stellen Sie sicher, dass Sie das, was Sie sich vornehmen, auch tatsächlich tun werden?

Der Engel der Ziele hält heute seine positive Energie für Sie bereit. Er bittet Sie, darüber nachzudenken, was das Thema seiner Berufung mit Ihnen selbst zu tun haben könnte. Sie würdigen seine Gegenwart, indem Sie daraufhin etwas für sich tun oder entscheiden!

Mögliche Bedeutungen: ein Ziel haben; auf ein Ziel zugehen; ein Ziel erreichen; etwas erzielen; etwas erreichen wollen; sich für etwas einsetzen; an einem Ziel festhalten; nicht die Flinte ins Korn werfen; zielstrebig sein; Ausdauer haben; die eigenen Ziele kennen; die Ziele der anderen kennen; das Ziel nicht aus den Augen verlieren ... ... Sie werden sicher eine eigene Assoziation dazu herstellen können!

Ihre persönliche Deutung: Warum, glauben Sie, wendet sich ausgerechnet heute der Engel der Ziele mit seiner Bitte an Sie? Welche Eingebung haben Sie spontan dazu? Zu was fühlen Sie sich schließlich aufgerufen?

Praxistransfer: Was können Sie noch heute tun oder entscheiden, damit Ihr Vorhaben Wirklichkeit werden kann? Wie stellen Sie sicher, dass Sie das, was Sie sich vornehmen, auch tatsächlich tun werden?

Der Engel der Zufriedenheit hält heute seine positive Energie für Sie bereit. Er bittet Sie, darüber nachzudenken, was das Thema seiner Berufung mit Ihnen selbst zu tun haben könnte. Sie würdigen seine Gegenwart, indem Sie daraufhin etwas für sich tun oder entscheiden!

Mögliche Bedeutungen: mit sich selbst zufrieden sein; mit dem zufrieden sein, was gerade ist; mit etwas zufrieden sein; mit etwas einverstanden sein; nicht zu viel haben wollen; für Wohlbehagen sorgen; sich bescheiden zeigen; sich in einer Angelegenheit etwas zurückhalten; wertschätzen, was man besitzt ... ... Sie werden sicher eine eigene Assoziation dazu herstellen können!

Ihre persönliche Deutung: Warum, glauben Sie, wendet sich ausgerechnet heute der Engel der Zufriedenheit mit seiner Bitte an Sie? Welche Eingebung haben Sie spontan dazu? Zu was fühlen Sie sich schließlich aufgerufen?

Praxistransfer: Was können Sie noch heute tun oder entscheiden, damit Ihr Vorhaben Wirklichkeit werden kann? Wie stellen Sie sicher, dass Sie das, was Sie sich vornehmen, auch tatsächlich tun werden?

Der Engel der Zukunft hält heute seine positive Energie für Sie bereit. Er bittet Sie, darüber nachzudenken, was das Thema seiner Berufung mit Ihnen selbst zu tun haben könnte. Sie würdigen seine Gegenwart, indem Sie daraufhin etwas für sich tun oder entscheiden!

Mögliche Bedeutungen: den Blick nach vorne richten; positiv in die Zukunft schauen; auf eine positive Zukunft vertrauen; für die Zukunft vorsorgen; anderen eine Zukunft ermöglichen; sich Gedanken über die eigene Zukunft machen; sich Gedanken über die Zukunft aller machen; keine Angst vor der Zukunft haben; auch in Zukunft nicht die Hoffnung verlieren ... ... Sie werden sicher eine eigene Assoziation dazu herstellen können!

Ihre persönliche Deutung: Warum, glauben Sie, wendet sich ausgerechnet heute der Engel der Zukunft mit seiner Bitte an Sie? Welche Eingebung haben Sie spontan dazu? Zu was fühlen Sie sich schließlich aufgerufen?

Praxistransfer: Was können Sie noch heute tun oder entscheiden, damit Ihr Vorhaben Wirklichkeit werden kann? Wie stellen Sie sicher, dass Sie das, was Sie sich vornehmen, auch tatsächlich tun werden?

Der Engel der Zusammenarbeit hält heute seine positive Energie für Sie bereit. Er bittet Sie, darüber nachzudenken, was das Thema seiner Berufung mit Ihnen selbst zu tun haben könnte. Sie würdigen seine Gegenwart, indem Sie daraufhin etwas für sich tun oder entscheiden!

Mögliche Bedeutungen: mit anderen zusammenarbeiten; mit anderen gemeinsam etwas entwickeln; auf Zusammenarbeit Wert legen; etwas, das Sie nicht allein bewältigen können, gelingt Ihnen mit Hilfe eines anderen;

nichts im Alleingang unternehmen; etwas gemeinsam unternehmen; ein Problem mit einem anderen gemeinsam besprechen; sich auf andere verlassen können; für andere ein verlässlicher Kollege oder Partner sein ... ... Sie werden sicher eine eigene Assoziation dazu herstellen können!

Ihre persönliche Deutung: Warum, glauben Sie, wendet sich ausgerechnet heute der Engel der Zusammenarbeit mit seiner Bitte an Sie? Welche Eingebung haben Sie spontan dazu? Zu was fühlen Sie sich aufgerufen?

Praxistransfer: Was können Sie noch heute tun oder entscheiden, damit Ihr Vorhaben Wirklichkeit werden kann? Wie stellen Sie sicher, dass Sie das, was Sie sich vornehmen, auch tatsächlich tun werden?

Der Engel des Zusammenhalts hält heute seine positive Energie für Sie bereit. Er bittet Sie, darüber nachzudenken, was das Thema seiner Berufung mit Ihnen selbst zu tun haben könnte. Sie würdigen seine Gegenwart, indem Sie daraufhin etwas für sich tun oder entscheiden!

Mögliche Bedeutungen: jetzt mit anderen zusammenhalten; jetzt zu anderen halten; etwas zusammenhalten; sich um Zusammenhalt bemühen; einander beistehen; sich gegenseitig helfen; sich solidarisch zeigen; sich mit anderen verbünden; mit etwas verbunden sein; mit jemandem zusammenbleiben; mit jemandem zusammengehören; zueinanderstehen; an etwas hängen; mit etwas oder jemandem unzertrennlich sein … … Sie werden sicher eine eigene Assoziation dazu herstellen können!

Ihre persönliche Deutung: Warum, glauben Sie, wendet sich ausgerechnet heute der Engel des Zusammenhalts mit seiner Bitte an Sie? Welche Eingebung haben Sie spontan dazu? Zu was fühlen Sie sich schließlich aufgerufen?

Praxistransfer: Was können Sie noch heute tun oder entscheiden, damit Ihr Vorhaben Wirklichkeit werden kann? Wie stellen Sie sicher, dass Sie das, was Sie sich vornehmen, auch tatsächlich tun werden?

Der Engel der Zuwendung hält heute seine positive Energie für Sie bereit. Er bittet Sie, darüber nachzudenken, was das Thema seiner Berufung mit Ihnen selbst zu tun haben könnte. Sie würdigen seine Gegenwart, indem Sie daraufhin etwas für sich tun oder entscheiden!

Mögliche Bedeutungen: sich etwas zuwenden; sich jemandem zuwenden; etwas zugewandt sein; jemandem zugewandt sein; jemandem etwas geben; für etwas aufmerksam sein; etwas Beachtung schenken; auf jemanden Rücksicht nehmen; sich um jemanden kümmern; auf jemanden eingehen; für jemanden Sorge tragen … … Sie werden sicher eine eigene Assoziation dazu herstellen können!

Ihre persönliche Deutung: Warum, glauben Sie, wendet sich ausgerechnet heute der Engel der Zuwendung mit

seiner Bitte an Sie? Welche Eingebung haben Sie spontan dazu? Zu was fühlen Sie sich schließlich aufgerufen?

Praxistransfer: Was können Sie noch heute tun oder entscheiden, damit Ihr Vorhaben Wirklichkeit werden kann? Wie stellen Sie sicher, dass Sie das, was Sie sich vornehmen, auch tatsächlich tun werden?

DANK

Von ganzem Herzen möchte ich mich bei allen bedanken, die an der Verwirklichung dieser Buchidee ihren Anteil haben. Mein ganz besonderer Dank gilt an dieser Stelle:

Den Krafttieren und Engeln, die mir als meine wunderbaren Begleiter aus den „Geistigen Welten" so unendlich viele bereichernde Impulse und Anregungen schenken.

Susann Sontag, die meine Bücher von Anfang an geschätzt hat, mich stets mit ihrem aufrichtigen Interesse zum Schreiben motivierte und mir in 2013 anbot, mich in ihren LebensSchritte Verlag aufzunehmen.

Myriam Tonga Götze, die mich vor vielen Jahren in die „Geistigen Welten" einführte, und durch die ich anfangen konnte, meinen eigenen Weg zu gehen.

Monica Coe, mit der ich seit einigen Jahren in regem Interessens- und Wissensaustausch stehe, und die mich stets bei der Umsetzung meiner Ideen und Projekte unterstützt.

Ralf Hillmann
im Juni 2014

ÜBERSICHT MATRIX-POSITIONEN → → →

MATRIX

	M	F	Z	R	W	D	K	A	T	P
„Tag ungerade – Monat ungerade" wie z.B. 03.01. / 05.03. / 07.05. usw.										
6										
3										
12										
8										
14										
10										
2										
11										
5										
13										
1										
15										
7										
4										
9										

MATRIX

	„Tag ungerade – Monat gerade" wie z.B. 03.02. / 05.04. / 07.06. usw.									
	D	A	K	P	M	T	Z	W	R	F
10										
5										
13										
11										
1										
4										
15										
8										
3										
14										
9										
6										
2										
12										
7										

MATRIX

		W	Z	T	D	A	R	F	P	M	K	
		\multicolumn{11}{c}{„Tag gerade – Monat gerade"}	
		\multicolumn{11}{c}{wie z.B. 02.04. / 04.06. / 06.06. usw.}	

	W	Z	T	D	A	R	F	P	M	K
7										
9										
6										
4										
13										
12										
14										
1										
2										
8										
10										
3										
11										
15										
5										

MATRIX

	R	P	F	T	K	W	A	M	Z	D
„Tag gerade – Monat ungerade" wie z.B. 02.05. / 04.07. / 06.09. usw.										
14										
13										
5										
15										
2										
7										
9										
10										
6										
3										
12										
4										
8										
1										
11										

Bücher von Ralf Hillmann:

Das Orakel der Kraftiere

170 Kraftiere und ihre unterstützenden Botschaften
LebensSchritte Verlag – ISBN 978-3-9815884-2-2

Persönliche Kraftierreisen

Wie Sie eine Kraftierreise durchführen
und dabei Ihrem Kraftier begegnen
LebensSchritte Verlag – ISBN 978-3-9815884-7-7

Das Orakel der Engel

150 Engel begleiten deinen Weg und bitten dich, jeden
Tag aktiv zu gestalten
LebensSchritte Verlag – ISBN 978-3-945494-00-4

Das Geheimnis der blauen Tränen

Berührende Geschichte über ein Geistwesen,
das daran glaubte, ein Engel zu sein
LebensSchritte Verlag – ISBN 978-3-945494-03-5

Spirituell auf deine Weise

Chancen und Möglichkeiten begegnen dir
Selbstverlag

Made in the USA
Charleston, SC
13 July 2014